Henscheid
Welche Tiere und
warum das Himmelreich
erlangen können

Eckhard Henscheid

Welche Tiere und warum das Himmelreich erlangen können

Neue theologische Studien

Philipp Reclam jun.
Stuttgart

Die Deutsche Bibliothek – CIP-Einheitsaufnahme

Henscheid, Eckhard:
Welche Tiere und warum das Himmelreich
erlangen können : neue theologische Studien /
Eckhard Henscheid. – Stuttgart : Reclam, 1995
ISBN 3-15-010414-9

Satz: Wilhelm Röck, Weinsberg
Druck und buchbinderische Verarbeitung:
Franz Spiegel Buch GmbH, Ulm
Printed in Germany 1995
RECLAM ist ein eingetragenes Warenzeichen der
Philipp Reclam jun. GmbH & Co., Stuttgart
ISBN 3-15-010414-9

Welche Tiere und
warum das Himmelreich
erlangen können

Einführung und Problemstellung

Es scheint die hier anstehende und in Rede stehende Causa im primär theologischen Sinne nicht wenigen unter uns seit mindestens einem Dreiviertel Millennium abgeklärt und hinreichend einhellig entschieden. Es scheint hier das letzte Wort längst und eindeutig schon gesprochen. Ja, es will scheinen, hier sei alles vollends durchdisputiert und abgehakt. Seit spätestens der *Summa theologiae* (1266–73) des Hl. Thomas von Aquino, unseres großen Doctor communis, genannt auch Doctor angelicus, gilt vielen als ausgemacht, manchen als unverbrüchlich und den meisten als sensu strictu unumstößlich, daß »weder Pflanzen noch Tiere im Himmel Platz haben«; und dies war im Kerne auch schon entschieden und abgemacht in und mit jenem Werk des spätantik-frühchristlichen Einflußbereichs, auf welches Thomas sich ganz vorzüglich bezog, um sich an ihm auszurichten: mit Aurelius Augustinus' *De civitate Dei* (413 n. Chr.) also, jener berühmten Doctrina christiana vom Gottesstaat, welche u. v. a. auch der Frage nachgeht, ob Tiere zum »Populus Dei« im engeren und eminenten Sinne gehören und gehören können, sofern ihnen nämlich, so Augustinus in diesem seinem »magnum opus et arduum«, der allesentscheidende »fundatissima fides« nicht mangelt, vor dem Hintergrund nämlich der augustinisch so bezeich-

neten »christiana vitae otium«, der beseelten Muse mithin
des ungetrübt christlichen Lebens; wobei wir hier im Verein
mit Augustinus ohnehin und unerwähnt absehen von den
»spitzfindigen Einwendungen der Ungläubigen gegen die
Auferstehung« (*De civ. Dei* XX,12), jener, die da mit »allerlei Tüfteleien« sich unterstehen, »die Auferstehung des Fleisches lächerlich zu machen« (loc. cit.), und also insgesamt
und unbelehrbar nicht an die ewige Seligkeit glauben.

Wohl scheint die Causa also im Theologischen seit fast
800 Jahren entschieden und abgeklärt; und dies, obschon
selbst ein Thomas v. Aquin konzedieren muß, daß im Himmel Nacktheit wiederum erlaubt ist und zumindest insoweit
nichts gegen eine sine fine Beteiligung der Tiere spräche;
und vor allem wohl deshalb später immerhin selbst Abtrün-
nige wie Calvin und namentlich Luther keine grundsätzlichen Einwendungen gegen die Fortexistenz von Tieren vor-
zubringen haben. Bei einem seiner Tischgespräche nach
Tieren im Paradies befragt, antwortet Luther, ohne viel zu
überlegen: »Ihr sollts nicht also verstehen, daß Himmel und
Erde wird allein Luft und Sand sein, sondern alles, was dazu
gehört, Schafe, Ochsen, Vieh, Fische, ohne welche die Erde
und Himmel oder Luft nicht sein kann.« Selbst Insekten
sind, laut Luther, von der neuen Welt nicht ausgeschlossen
– allerdings läßt ihnen der große Reformator zuvor eine gewisse Verwandlung angedeihen: »Da werden Ameisen,
Wanzen und alle unflätigen, stinkenden Tiere eitel Lust sein
und aufs beste riechen.«

Alles werde, kurzum, wieder so sein wie vormals im
Garten Eden, die Seligen werden mit der Sonne spielen und
»allen Kreaturen«, so D. Martin Luther, werde wohl sein
und Genüge getan.

Der gleichsam aufgeklärt-liberalen Sehweise des Witten-
bergers widerredet aufs schärfste allerdings jene, mit der

Augustinus die tierische Kreatur in ihre Schranken verweist; man bedenke ja auch, daß noch ein paar Jahrhunderte vorher, bei Plato, böse Menschen, was der *Gottesstaat* (XII, 26) aufführt, ähnlich wie im indischen Kulturraum nach ihrem Ableben in Tierleiber zurückverwandelt werden. Wobei insgesamt beim Bischof und Kirchenlehrer von Hippo Spuren unverkennbar sind des manichäischen Dualismus dergestalt, daß in dieser diesseitigen Welt wesentlich der »Herrscher der Finsternis« regiert, das Reich des Lichts hinwiederum nur jenen zur Verfügung steht, die sich dafür nach ihren diesseitigen Verdiensten prädestiniert haben und sich zu empfehlen vermochten – und wer unterstünde sich, das bona fide und auf Anhieb von Ochs und Schafen oder gar Ameisen und Wanzen füglich zu behaupten? Das diesseitige Reich besteht für Augustinus' Werk als das »eines bösen Demiurgen« (Kurt Flasch, *Das philosophische Denken im Mittelalter*, 1986, p. 31), es wird in seiner schieren Negativität erst langsam und im Zuge des jetzt hereinsickernden Neuplatonismus überwunden mit der Tendenz einer erneuerten Unität von Himmel und Erde als einem untrennbaren Paradies; was aber heißt das für die Tierwelt?

»Der Menschen ältere Brüder sind die Tiere«, teilt Johann Gottfried Herder (*Ideen zur Philosophie der Geschichte der Menschheit* II, 2) unverhohlen mit, und für die gesamte Aufklärung bis hin zu Max Horkheimer gilt deshalb als so praktisch wie inkludent unstreitig, daß auch das Tier erlöst werden will, sogar der scheinbar böse Mähnenwolf, sogar der scheinbar nur an seinem Schlaf interessierte Bilch (bis zu 11 Monaten per annum); denn siehe: »Sogar das Thier hat Religion« (Jean Paul). Nur schwer vermochte sich, wie gesehen, allerdings gerade das Christentum mit diesem Gedanken anzufreunden. »Der Grundfehler des Christentums«, so Arthur Schopenhauer, gründe darin, daß es, unvergleichlich anders als z. B. Brahmanismus und Buddhismus, »die Thiere geradezu als Sachen betrachtet« (»Über das Christentum«, in: *Parerga und Paralipomena*), »ein niederträchtiger Kniff« mit der Folge von mancherlei geradezu »himmelschreienden Ruchlosigkeiten« z. B. und v. a. in Form von barbarischer Tierquälerei – aber auch der ferneren Folge selbstverständlich, ihnen sämtlich das Himmelreich i. e. Paradies vorzuenthalten, ja zu verweigern. Von »ungeistlichen Tieren« spricht daher nicht nur Jeremias Gotthelf (*Uli der Knecht*) im Zusammenhang mit Schafen und Ziegen, für die der Kirchhof »kein Weideplatz« sein solle. Schon recht, aber während Augustinus immerhin noch zwischen »unreinen« und »reinen« Tieren (XV,27) unterscheidet wie später Alfred Brehm zwischen mehr oder minder »geistigen«, derweil nahm die bösartige Hintanstellung und verkniffene Verächtlichmachung sogar der höheren Tiere im Hochmittelalter und mit dem Beginn der Neuzeit sogar noch einmal stark zu, betreffend jetzt auch den Bestand und das Fortkommen der Tiere schon im diesseitigen Bereich, vorzüglich in der Form der Exkommunikation von Tieren, vor allem und immer wieder als Exstirpation vulgo Verbrennung oder Ertränkung von Katzen: große Teile des späten Mittelalters und der anbrechenden Neuzeit hindurch wurde die Katze (Hauskatze) jetzt gleichsam den bösen Hexen gleichgesetzt und fiel unter das Diktat des *Hexenhammer* von 1489 als der beflissenen Folge der 1252 von Papst Innozenz IV. erlassenen Bulle »Ad Exstirpanda«, die da im wesentlichen bis heute und noch weit über das Zweite Vatikanische Konzil hinaus Geltung besitzt und die u. a. besagt, »daß das Weib nur ein unvollkommenes Tier ist« (J. W. R. Schmidt, p. 127). Ja, reichlich paradox und sogar kasuistisch genug wurden aufgrund ihrer allerdings offen- und unleugbaren Ähnlichkeit mit den Weibern jetzt auch gleich serienweise

Katzen als mit dem Teufel im Bündnis jämmerlich verbrannt, indem man ihnen z. T. in einem weiteren theolo-
gisch-sophistischen Zirkelschluß auch die Verantwortung
für allerlei Ehebrüche der menschlichen Frauen zur Last legte (vgl. das *Handwörterbuch des deutschen Aberglaubens*, in
welchem allein 18 Spalten über die Untaten der Katze aufgeführt werden!) – aber in durchaus signifikanter und mehr-
strähniger »Sündenbock«-Theoriemanier wurden Hauskat-
zen auch gleich noch für manche Trinkwasserverseuchung
verantwortlich gemacht. Noch das große und ganz ab-
scheuliche Katzenmassaker in der Rue Saint-Séverin von
Paris (ca. 1740) in seiner überaus vieldeutigen, aber wesentlich vorrevolutionären, faktisch gegen das Ancien régime
gerichteten und ihrerseits alten Hexenjagd-Ritualik (feu de
joie) sowie im Zusammenhang jener gänzlich gottlosen
Französischen Revolution von 1789 ff., als man nämlich in
den Katzen ein Symbol und Synonym für die tief verhaßte
Bourgeoisie ersehen und hinschlachten wollte (Genaueres
dazu: R. Darnton, in: *Merkur*, Nr. 463/464, 1987): es geht
dieser symbolische Massenmord im Kern auf jene Fügung
und Kausalkorrelation des Weiblich-Katzenmäßigen als
einer ebenso bösen wie altmagischen Macht zurück. An
ein Fortleben der Katze nach ihrem Tode war da natürlich
nicht im mindesten mehr zu denken.

Zwar erfolgte eine gewisse Rehabilitation der Katze
schon durch Swedenborg (im *Diarium spirituale*) in den Jahren 1749–56, nach dem sich, ganz gegen die Lehre des Thomas von Aquin, Katzen im Himmel aufhalten dürfen; laut
Gladys Osborne Leonard zur Lobpreisung Gottes auch
noch andere Haustiere (s. Bernhard Lang / Colleen McDannell, *Heaven: A History*, London und New Haven 1988;
deutsch *Der Himmel. Eine Kulturgeschichte des ewigen Lebens*,
Frankfurt am Main 1990, insbes. p. 260 ff.) im Sinne einer

wünschenswert mystischen und brückenschlagenden Analogiebildung von der irdischen zur göttlichen Welt; es kam dann auch hin und wieder zur Heiligsprechung (Kanonisation) eines Windhunds (Jean-Claude Schmitt, *Der hl. Windhund*, Klett-Cotta); aber noch immer wirkte das mindere Ansehen der Tiere im christlichen Terrain dahin gehend nach, daß von Paulus und Basilius und Hieronymus bis im Grunde auf den heutigen Tag Ketzer und Renegaten und sonstige Unbotmäßige als »Hunde«, »tolle Hunde«, »Schweine«, »Schlachtvieh für die Hölle«, »grunzende Sauen« (Karlheinz Deschner, *Abermals krähte der Hahn*, Stuttgart 1962) bezeichnet und aufgeführt werden. Zwar endete der betreffende mittelalterlich-frühneuzeitliche Hexenwahn mit des Jesuiten und Dichters Friedrich Spee Protestschrift *Cautio Criminalis* (um 1631) im wesentlichen oder ging jedenfalls langsam zurück, auch wenn dann ein Floh unterm Mikroskop seines Mitstreiters Tanner für dessen »Hausteufel« erachtet wurde (s. Deschner, p. 491): allein, es dürfte sich diese allmähliche Mäßigung und Normalisierung immerhin dergestalt erklären:

So wie der Heilige Stuhl und seine Inquisitionsbehörde schon gegen Ende des 19. Jahrhunderts nicht mehr mit- oder nachkamen – worüber der Großinquisitor Kardinal Merry del Val bewegte Klage führt –, mehr oder weniger sämtliche neuerschienenen naturwissenschaftlichen, philosophischen und literarischen Buchtitel gehörig auf den von ihnen betreuten Index zu setzen, so wurde es auch mit dem immer neuen Bekanntwerden immer neuer Tiere mit deren eigentlich ja wünschenswerter Exkommunikation immer enger und beengter; selbst ein Ultra wie der heute für Glaubensfragen als Berater von Papst Johannes Paul II. (Wojtyla) zuständige Kardinal Ratzinger muß da ja entnervt das Handtuch werfen.

Es tut das Christentum und zumal die Cattolica andererseits wohl daran, nicht in jedem Betracht an ihre eigene hohe Vergangenheit anzuknüpfen und allzu unveräußerlich traditionsfixiert alle Karten auf sie zu setzen; auch wenn das mitunter sauer ankommt. Der üble und wesentlich denaturierte Platonismus z. B. dergestalt, daß Frauen (Hexen) und Katzen sinnliche Urbilder der nämlichen Idea des Bösen seien und mithin eins wie das andere verbrannt und gänzlich vernichtet gehörten und jedenfalls, so der Hl. Clemens wie Hieronymus und Origines jeweils in der Linie des großen Kirchenlehrers Tertullianus (ca. 160–220), keinesfalls in den Himmel gehörten: die verzagte oder aber im Gegenteil geifernde Prolongierung dieser platonisch-frühchristlichen Denktradition erscheint uns Modernen heute nicht unbedingt mehr vollends ratsam – ja, was die Katze angeht, so kam es im späten 19. Jahrhundert und allerdings lediglich an der Peripherie der katholischen Welt (England, Amerika) zu einer allfälligen oder doch gewissen Rehabilitation und Wiedergutmachung insofern, als nun ausgerechnet die vorher so übel beleumdete und harmreich traktierte Katze mehrfach expressis verbis in den christlichen Himmel aufgenommen wurde, vorgezogen und präferiert dabei sogar allen anderen Haustieren; all dies freilich nicht in Form excathedraler päpstlicher Verfügungen oder immerhin Enzykliken, sondern in aller Regel lediglich in Form schwärmerischer Romane allerdings durchaus christlichen Gehalts – wir kommen auf diesen bedeutsamen Casus im nächsten Kapitel sowie am Schluß des Buchs ausgreifend zurück.

Fest steht allerdings und letztendlich bis zum heutigen Tage auch und gleichwohl, daß ungeachtet aller sonstiger »Präzision im Detail« (Peter Jezler, *Himmel, Hölle, Fegefeuer. Das Jenseits im Mittelalter*, Ausstellungskatalog Zürich 1994, p. 13) bei fast sämtlichen gemalten Versionen von Weltge-

Königstiger

Ist er als erlösungsfähige Katze zu behandeln oder als rohes Raubtier?

richt, Jenseits und Gottesanschauung – das Tier nach wie vor und trübsinnig genug so gut wie gar keine Rolle spielt; weder bei Albrecht Dürers menschenmassenstarker »Anbetung der Heiligen Dreifaltigkeit« (1511) ist es dabei noch bei Stefan Lochners so erschreckend wie beseligend die Bösen von den Guten separierendem »Weltgericht« (Wallraf-Richartz-Museum, Köln – der Eindruck ist recht überwältigend, ein Besuch kann nur immer wieder empfohlen werden), weder in Hans Holbeins »Totentanz« hat es auch nur die geringste Rolle noch in Giottos Zeichnung noch auch später bei P. P. Rubens noch etwa bei Simon Marmion oder im berühmten steinernen »Weltgericht« des Bamberger

Doms (ca. 1230): Wobei die prekäre Frage hier vorderhand unentschieden und zurückgestellt bleiben mag, ob Tiere, wenn überhaupt, gleich den Menschen über den Umweg des Jüngsten Tags bzw. Weltengerichts (Mt. 25,3 sowie Joh. 5,24–29) resp. den des Fegefeuers (Purgatorium) oder aber wegen ihrer teilweise augenscheinlichen Unschuld direttissima in den Himmel gelangen; ohne weitere Vergebung der Sünden und Sündenschuld und ohne einen darüber hinausgehenden besonderen Gnadenerweis.

Nein, es ist in den berühmten und unverweslichen Werken und Darstellungen unserer großen Meister so gut wie nie ein Tier dabei, wenn überhaupt, dann zumeist nur der alles verschlingende höllische Drache (Fabeltier, abgeleitet vom ganz abscheulichen Komodowaran; davon ausführlich später) – allein und lediglich bei Hieronymus Bosch kommt es zu einem erheblicheren Einsatz von Tieren sowohl in der Holle als im Paradies als beim Jüngsten Gericht und seinen großen Schrecknissen, allerdings, es sind recht eigentlich keine der bekannteren irdischen Tiere, sondern überwiegend allenfalls Vögel oder Vögelähnliche; meist – gleichsam unentschieden – Tiere der phantastischen oder phantasmagorischen Art, und auch diese bevorzugt und fast ausschließlich im Einzugsbereich des Teuflischen und Infernalischen und der wütenden Glut.

Eher schon tauchen Tiere, auch Wirbel- und Säugetiere, ermutigenderweise und wie von ungefähr, ja buchstäblich wie aus heiterem Himmel wieder auf in den Paradiesgartendarstellungen der zumal italienischen Malerei vor allem des Quattrocento; wir kommen auf den verstohlenen Zusammenhang in Bälde schon zurück.

Der schon kurz erwähnte Mystiker, Theosoph und Naturforscher Emanuel Swedenborg (1688–1772) war es, der im Zuge der inneren Vision und Schau seiner Drei-Reiche-

Lehre und auf einer seiner Reisen ins Jenseits die uns Irdischen nur allzu bekannte Dimension der Langeweile entdeckte, der Gleichgültigkeit auch und gerade angesichts der göttlichen, aber halt in einer Tour sich wiederholenden Hochgenüsse. Dem mag das Tier mildernd und entschärfend entgegentreten, und so säumt denn z. B. ein Shaw Desmond nicht, den vermutlichen Fakt als den Vater des Wunsches mitzuteilen, ein Tier sei es oft, »das uns auf der anderen Seite des Todes als erstes Wesen begrüßt«, so wie umgekehrt »auch ihre Geister oft bei uns auf der Erde (sind) und begleiten uns bei Arbeit und Spiel« (Lang/McDannell, a.a.O., p. 399).

Sport und Vergnügungsparks, so Desmond, vor allem aber Haustiere gäben dem Menschen auch im erwartbaren Ennui des Drüben die Möglichkeit zu halbwegs ständiger Aktivität und trage zur weiteren Entfaltung des Gefühlslebens letztlich ad maiorem Dei gloriam bei. Denn das Jenseits, darin sind sich alle Forscher einig, orthodoxe wie freigeistige, dürfe ja »keineswegs ein Altersheim« sein oder werden, »wo es außer dem Besuchen von Freunden und Kartenspielen nichts zu tun gibt« (a.a.O.). Selbst im Neuen Testament, so Lang und McDannell weiter, trage der Himmel (Paradiso) u. a. als neues Jerusalem ja durchaus städtische Züge und entsprechende Elemente, selbst solche von schierer Unterhaltung und Amüsement; eine Einsicht in eine nachgerade zwingende Notwendigkeit gerade auch im Hinblick auf die zu steigernde oder doch immerhin in gleicher Spannung zu haltende beseligende Schau (visio beatissima), welche von einer modernen Visionärin wie Rebecca Springer (a.a.O., p. 399f.) nochmals akutisiert wird, wenn Miss Springer u. a. die Einrichtung von Ateliers, Bibliotheken und Vortragssälen im coelestischen Terrain (zu denken wäre hier wohl etwa an den neunten Danteschen Sphärenbereich unterhalb des Empyreums) empfiehlt.

Noch über diesen aber rangiert die oft geradezu zwingende Unterhaltungskraft und Erbaulichkeit des Tiers, des pelzigen und des gutmütigen und traulichen Haustiers zumal. Und gleichwohl – schweigt sich die Christenheit, auch und gerade die katholische in Lehre und Dekret, hier aus; Roma tacet. Leider. Ist säumig oder ganz offenbar scheelsüchtig verantwortungsscheu – und dies seit einem Drittel Jahrtausend. Es ist ein Schweigen der Unentschiedenheit, der mißvergnügten Verlegenheit, der verräterischen Verleugnung und der Problemverdrängung. In den für lange Zeit, ja praktisch bis heute gültigen apostolischen und de facto kanonischen Himmelsaufnahmebestimmungen (Aszendenzdekreten) von Papst Benedikt XII. aus dem Jahr 1336 findet sich für Tiere schon kein Wort; nicht einmal für das jetzt erst theologisch festeingerichtete Fegefeuer (Vorhölle oder auch Purgatorium) kommen sie offenbar ernsthaft in Betracht; noch gar für die unmittelbare Anbetung und Ausschmückung der seit Augustinus im 4. Jahrhundert endgültig anerkannten und etablierten Trinität samt ihrer nach unten sich zur gewöhnlichen Kreatur hin verbreiternden Spiritualitätspyramide. Man »verdrängt« (Sigm. Freud, ein später und gefährlicher Kirchengegner) ganz unbekümmert die animalische Tierwelt so wie auch die teils durchaus ungeklärte und obskure eigene kirchen- und papstgeschichtliche Vergangenheit, so wie man sich dabei letztendlich und klar erkennbar um eine giltige Regelung für die Zukunft und zumal eine gütliche Vermittlung zwischen Thomas hie und Luther dort (sog. Ökumene) beharrlich herumdrückt und statt dessen in verblasenen Osterbotschaften etc. sich ergeht, wenig ermutigenden Salbadereien oft verstiegenster Ignoranz. Und das kann, alle sattsam bekannten plotinischen Elemente des augustinischen wie des scholastischen Lehrgebäudes hier mal beiseite, auf Dauer nur von Schaden sein.

Nur zu konsequent freilich, daß sich auch die moderne Theologie weitgehend ausschweigt, um die Sache im Ungeklärten und Diffusen zu belassen und eben darin das Heil zu verhoffen. Die römisch-katholische zuvörderst. Keines der heute zuständigen christlichen Lexika und sonstigen Grundlagenwerke geht auf Tierverbrennung und Tierexkommunikation einerseits, auf Tierkonsekration und Tierbeatifikation andererseits auch nur mit einem Wort ein; die vierbändige *Geschichte der Kirche* (Benzinger Verlag, Chur 1963) enthält im umfänglichen Register weder einen Hinweis auf »Katzen« noch auch nur auf »Tiere«, wohl aber einen auf »Tirol«, und das sagt ja wohl alles; gleichfalls die dicke und bedeutende *Illustrierte Kirchengeschichte. 2000 Jahre Christentum* von Univ.-Prof. Dr. Günter Sternberger hat zu Hexen wie zu Katzen nichts zu sagen; und selbst und sogar ein Karl Rahner in seiner 888(!)seitigen Geburtstagsgabe *Glaube im Prozeß* (Herder, 1984) teilt wohl alles mit, was über z. B. »sapientiale Theologie« und »universellen Heilsoptimismus« mitzuteilen und zu wähnen ist, nach dem ebenso berechtigten Heilsoptimismus der tierischen Kreatur aber frägt sie keinen Pfifferling.

Die geradezu maliziöse Unentschlossenheit der zumal katholischen Kirche bis hin zur Laxheit, Indifferenz und Indolenz scheint selbst ihre geschworenen Gegner und bösartigsten Kritiker (Nietzsche, Deschner u. a. m.) infiziert zu haben: Auch bei ihnen findet sich kaum ein anklagender Verweis auf vergangene christliche Kriminalia in der Tierverfahrensweise – noch auch pro oder contra ein förderliches Wort zu jener im Grunde seit Augustinus (wie bei seinem geschworenen Gegner Pelagius) verfassungsrechtlich unklaren Situation, der ungeklärten Zugehörigkeit der Tiere zu nichts Geringerem als eben zum *Gottesstaat* – : schon bei Bischof Augustin vermutbar aus Verlegenheit vor dem

Hintergrund des von ihm ja gleichfalls elaborierten und entscheidend geförderten theosophischen Axioms der damals erstmals substituierten und dann auch statuierten und bald gewohnheitsrechtlichen »Gottesebenbildlichkeit« – nur des Menschen? Dann konsequent auch der Tiere? Das nämlich war letztlich die Frage, vor der selbst der schrecklose Heroismus des afrikanischen Erzbischofs wie vor etwas Unschicklichem zurückzuckte. Er hätte – nicht müssen. Denn gewiß, schwerlich gottesebenbildlich scheinen der Wombat, der Perlziesel und die Bisamratte, vom Ohrwurm und von der grundbösen Tsetsefliege beinahe vollkommen zu schweigen, und ohne nennenswerte Religion ist gewiß auch das Leben und Dahinleben z. B. des faultierähnlichen Koala-Beutelbärs. Der Sinn seines Lebens gründet fraglos im wahllosen Wechseln von einem Eukalyptusbaum zum anderen. Aber muß es deswegen immer gleich zur Exkommunikation und in der Folge zur Kondemnation kommen? Karl Barth (*Dogmatik* III,2, p. 165) vermeidet eine Antwort der ihm offenbar mißliebigen Sache und ergeht sich in mehr als verschleiernden Ausflüchten. Wer das liest, weiß, was er weiß. Wir meinen mit L. Rinser: No Commentar.

Die Tiere, wir wiederholen Herders und in der weiteren Folge Spencers und Darwins und Haeckels Erkenntnis, sind der Menschen ältere Brüder, auch wenn ihnen die »aufrechte Gestalt« (Herder), der später vielfach sogenannte »aufrechte Gang« (E. Bloch) noch weitgehendst mangelt. Allein, auch der Mensch (Erectus, Sapiens sapiens) begann ja einst in der Steppe und der Savanne auf allen vieren und vermochte damals, wie man heute weiß, gleichzeitig schon oder jedenfalls bald durchaus und dezidierte religiöse Regungen zu verspüren samt dem Kantschen Postulat des »Gefühls der Humanität« – umgekehrt hat, Bloch zum postmortalen Hohn, die Erdgeschichtswissenschaft (hier:

Paläontologie) kürzlich herausgefunden und dann sogar
nachzuweisen vermocht, daß der sog. aufrechte Gang keinerlei Kausalnexus oder sonstige Korrelation mit dem An-
wachsen des hominidischen Hirns hat und aufweist; wer
Augen hat, den Stechschritt so mancher Militärs oder auch
leichtathletischer »Geher« zu beobachten, der hat es freilich
immer ahnen können – also, was soll's? Mag die seit einem
Säkulum von Darwin u. v. a. eingeführte und allgemein gewordene und anerkannte Deszendenz-Stufenleiter der Evolution den modernen Menschen auch mit manchen guten
Gründen seine Stellung auf der obersten Sprosse behaupten
lassen (ab 2500, so Theo Löbsack, werden allerdings die
Ameisen die Hierarchie und Weltherrschaft übernehmen)
und mithin auch seine Führungsposition betreffend die Gottesebenbildlichkeit mit sämtlichen Konsequenzen: Bei aller
fast ein wenig übertriebenen Kuh-Verehrung der Hindus
wird man ja dann zumindest auch eben diese Kuh berücksichtigen müssen, und dies nicht nur, wenn man erfährt,
daß nach der Vision der sog. *Jüngeren Edda* eine Kuh namens Audhumla das erste Lebewesen der betreffenden
Genesis abgab. Nein, schon auch der bloße Anblick einer
weidenden und lagernden und wiederkäuenden Kuh erweckt und schürt in uns die einschnürende, die unbezähm-
liche Sehnsucht nach einer spätermaligen Wiederbegegnung
im jenseitigen Reich. Ganz ähnlich verhält es sich mit
dem Dachs und dem Biber. Und hat denn andererseits (zit.
nach: Berthold Chales-de Beaulieu, *Tiere diesseits, Tiere jenseits*, Frankfurt a. Main 1986) ein Wang Tschung (27–97
n. Chr.) so unrecht, wenn er in seiner Sammlung *Lun Heng*
(»Kritische Erwägungen«) den Gedanken Gestalt werden
läßt, nach seinem Tod sei uns, den Menschen, das Schwein
»in seiner Lebensqualität fast gleich« (p. 20)?
    Und, nochmals, es macht ja nun wirklich keinen Sinn,

die Kuh aus dem katholischen Paradies hinauszuschmeißen, wenn sie in dem der Inder und der alten Germanen praktisch neben Buddha oder Wodan sitzt oder jedenfalls schön grast!

»Der Himmel ist voll«, so teilte schon 1993 die theologische Redaktion der in Holland erscheinenden Zeitschrift *Spezial* scheinbar ungerührt mit – gemeint ist: Es ist kein Platz mehr da, nicht für neu auffahrende Menschen, und schon gar nicht für abgestorbene Tiere. Das Argumentum ad rem ist scheinbar lapidar und nüchtern formuliert; allein, es ist scheinheilig und verschlägt nicht – ganz gleichgiltig, ob nun die Erde, wie man heute zu wissen glaubt, ca. 4,6 Milliarden Jahre alt ist oder doch, wie etliche griechisch-orthodoxe Theologen annehmen, 5508 v. Chr. Gestalt angenommen habe – oder gar, wie der anglikanische Erzbischof James Usher (1580–1656) in seinen *Annales Veteris et Novi Testamenti* von 1654 als allerdings »acatholicorum doctissimus« mitteilt, erst am 21. Oktober 4004 v. Chr. um 9 Uhr früh (manche meinen auch: 8 Uhr): Man sehe, daß der Kosmos schon als physikalischer Raum heute nach den Hubbleschen Gesetzen an die 20 Milliarden Lichtjahre stark ist und ausmacht, und als spiritueller Raum zumal vor dem Hintergrund der gewaltigen Untiefen der entsprechenden »Tiefenzeit« (Stephen Jay Gould) und ihrer beinahe unermeßlichen Hintergrundstrahlung natürlich noch ungleich viel mehr. Raum ist, wie schon der bethlehemitische Topos der Christusgeburt im Stalle lehrt, noch in der kleinsten Hütte – im Himmel als dem vielfach raumzeitgekrümmten und in seiner Ausdehnung mithin nochmals erweiterten Kosmos aber nach wie vor mehr als genug; genug also auch, mehr als genug, für die Tiere; auch für die großen.

Schwieriger zu lösen als die Platz- sind die noch sträflich unerledigt herumliegenden theologischen Probleme und

Prämissen und Hermeneutica und einschlägigen Exegesen – und gewiß und naheliegenderweise wird man auf diesem heiklen und skrupulösen Felde der Aszendenz (Assumption, auch Redemption) ebenso wenig das Kind mit dem Bade einer vollständigen Himmelsverweigerung für Tiere ausschütten dürfen – wie umgewendet dem Gedanken einer falschen und fatalen Libertinage (laissez faire) aus dem Ungeist des 19. Jahrhunderts voreilig inversiv nachgeben in Gestalt einer unbedacht generellen und generalisierenden Permissivität unterm kaum mehr verhohlenen und sattsamst vertrauten Mäntelchen eines da und dort immer noch rumorenden und tumorenden östlichen Weltkommunismus eindeutig sozialistischer Provenienz und Prägung als der vorgestrigen Wiederauflage eines durchaus fehlverstandenen und agitativen Egalitätsdenkens, wie es schon im Zuge der unseligen Franz. Revolution so viel Unheil und menschliches Elend angerichtet hat.

So fern im Kern dem Christentum diese Irrlehre des hypertrophen Egalitären und einer schon gar zu unterbelichtet monostrukturierten Aufklärung, so fremd diese auch rechtliche Gleichschaltung und in der Folge Gleichmacherei bei der großen und gesunden Idee des Gerichts. Wir meinen: daß jeder Fall eine andere und neue Erwägung und Würdigung und in der Folge Entscheidung nach sich ziehen mag – und wir halten dafür, daß jedes einzelne Tier unverzüglichen Anspruch hat auf individuelle Behandlung und Urteilsfindung; wenn nicht u. U. sogar als Singularität, so doch zweckmäßigerweise als Art und Gattung. Eine Urteilsfindung, die weißgott wahrlich nicht leichtfällt, auch nicht einmal der allerhöchsten Gerichtsbarkeit. Möge der gütige Gottvater im Verein mit dem eingeborenen Sohn und dem Geist durch vertiefte Gewissenserforschung und durch ständiges Gebet der Entscheidungsgewinnung auf die

Sprünge helfen und durch derart nochmals vermehrte Gnadenausschüttung den mit angstvoll geweiteten Augen vor dem Höchsten Richterstuhl angetretenen Tieren und Tierlein zum begründeten Segen und Segenssamenfluß gereichen – wir unsererseits können als geschulte Theologen einer womöglich da oder dort ratsuchenden, ja über den Problemkonvulsionen schon beinahe ratlosen Trinität (Augustinus, notabene, dagegen hält allerdings nur Jesus und seine zwölf Apostel für die zuständigen Weltenrichter, s. *De civ. Dei* XX,5) durch kritische oder auch zustimmende oder sonstwie bestechende Einwände und Erwägungen, sei es als Advocatus Diaboli oder Dei, werweiß, ein wenig nachhelfen, mit allerlei Handreichungen auch im Sinne und in der Kontinuität von E. Swedenborgs feinem Gespür für gewisse terrestrisch-coelestische Analogien, welche im gehörigen Traditionszusammenhang der christlich-aufgeklärten Theodizee uns Irdischen zu sehen und zu begreifen vielleicht leichter fällt als hin und wieder dem Allmächtigen, ja der Dreifaltigkeit wohl selber. Und gerade eins sei deshalb, ohne daß wir einer Entscheidungs- und Urteilsfindung unbefugt vorgreifen wollten, der höchsten Richterschaft hier schon mal unterbreitet und als Bedenken vorgelegt – ein von Rudolf Steiner (Dornach, 19. Okt. 1923) im Vortrag berichteter Gedanke aus den Büchern der Konfuzianer; ein Gedanke, der gleichwohl auch die christianische Trinität durchaus interessieren könnte, ja müßte, zumal er auch noch einmal das in der Tat so manchen beunruhigende himmlische Platzproblem wie nebenbei angeht und auch nachhaltig löst:

»Der König von Huai-Nan meisterte mit der Hilfe magischer Praktiken das Tao und schwebte mit seiner ganzen Familie zum Himmel empor. Selbst seine Haustiere wurden Genien. Seine Hunde bellten fortan in den himmlischen

Höhen und seine Hühner gackerten aus den Wolken her-
ab.«

Es mag der eine oder andere über die moralische und damit seraphisch-coelestische Dignität von gemeinen Hüh-
nern die Nase rümpfen und auch vor dem Hintergrund
mancher Hunde anderer Auffassung sein: Der Grundgedanke, zumal auch der der inkludenten Metempsychose und
Transsubstantiation zu Genien bei offenbar gleichbleibender
Bellkraft und anderweitiger Lautgebung – dieser auch und
gerade östliche Grundgedanke scheint uns gleichfalls für
den katholischen Bereich ein richtiger und beispielgebender
und weiterführender zu sein.

Möge er auch und gerade der christlichen Gottheit (Trinität) ans Herz gelegt sein und an eben dieses, es erweichend,
gehen.

Doch nun zur Sache.

Der Himmel

Die inbrünstige Hoffnung auf ein und zumal schöneres und gottgefälligeres Leben nach dem Tode hat in Verbindung mit dem Glauben an ein solches Fortleben die Menschen praktisch aller Kulturen seit Jahrtausenden beschäftigt und zuweilen aufs äußerste erregt und angestachelt; die meisten außerchristlichen Religionen wie, bei allen durchaus schwerwiegenden dogmatischen Unterschieden und gravierenden Differenzen, faktisch sämtliche der bekanntgewordenen christlichen Bekenntnisse und Glaubensgruppen. Das gläubige Streben nach Unsterblichkeit, nach Auferstehung (Resurrexion) und Verklärung oder aber Wiedergeburt, der innige Wunsch nach Erlösung und Seligkeit meist in Koalition mit dem nach möglichst großer und substantieller Gottesnähe und mitunter sogar mystizistischer Gottesvereinigung fesselt seit überschlägig 6000 v. Chr. Abermillionen von Menschen fast jeglicher Religion und religionsähnlicher Hochkultur (Pierre-Antoine Bernheim und Guy Stavrides, *Welt der Paradiese, Paradiese der Welt*, 390 S., München und Zürich 1992), nachprüfbar und beweisbar in nahezu zahllosen Zeugnissen, Denkmälern und Beispielen der Kunst- sowohl als der Religions- und der heute bevorzugt so genannten Alltagsgeschichte.

Bibel und Koran, Weda wie Awesta machen sich vor

allem seit den Jahrhunderten um Christi Geburt herum,
aber auch schon vorher, Gedanken und genauere Vorstellungen (Imagines) von Himmel und Paradies, dazu gesellten
sich im Lauf der Jahrhunderte immer mehr Theologen, En-
zyklopädisten, Orientalisten, Mystiker, Gemäldemaler und
noch andere Fachleute für die himmlischen und coelestischen Wissenschaften und Einzelsachverhalte (verwiesen sei
hier nochmals auf das schon erwähnte, sehr zuverlässige
Standardwerk: Bernhard Lang / Colleen McDannell, *Der
Himmel. Eine Kulturgeschichte des ewigen Lebens*, a.a.O.). Genauere und ausführlichere und theologisch einigermaßen
gemeinverbindliche und stichhaltige Vorstellungen schälten
sich dabei, was namentlich den christkatholischen Himmel
angeht, vor allem im Zuge der schon dominant christlich
geprägten Spätantike heraus, nachvollziehbar und einsehbar
heute am einfachsten in den malerischen Werken der italienischen Renaissance und Frührenaissance: Die betreffenden
Maler wie die ihnen zugrunde liegenden Kirchenväter, Prediger und exegetischen Hermeneutiker stellen sich das –
kommende oder aber schon gegenwärtige, da gehen die
Meinungen auseinander – Himmelreich (»neues Jerusalem«)
überwiegend vor als einen wonnigen Garten und/oder aber
als prächtige Residenzstadt, so oder so schon vielfältig be-
stückt mit jeweils Blumen, Bäumen und häufig auch Tieren, allerdings fast immer nur sehr sanften Tieren (Lämmer,
Schafe) – wir kommen auf diese Problematik und offenbar
äußerst zwiespältige spätmittelalterliche Bevorzugung spe-
zieller Tierarten zurück. Die bisherigen Lösungen mancher
Maler können und dürfen uns hier noch keineswegs befrie-
digen.

Bernheim/Stavrides wie Lang/McDannell (wir finden es
sehr gut, daß an eine derartig schwierige Materie, wie sie
der Himmel nun mal vorstellt, von den modernen Verlagen

offenbar immer nur Autoren*paare* herangelassen werden)
machen im Fortgang gewichtige Unterschiede in den
div. Himmelsbildern geltend, etwa zwischen den überwiegend spielerisch-selbstvergessenen, mystisch-versenkten des
christlichen und meist schon entschieden spiritualisierten
Imagobereichs essentiell chialiastischer Transsubstantiation
einerseits; und andererseits dem des ungleich mehr terrestrischen, sybaritisch-hedonistischen und gelegentlich sogar
degoutant priapistischen des muslimischen Paradieses, das
am Ende gar von einer »niemals knickenden Rute« träumt
und z. T. von endlosen Orgasmen notabene mit himmlisch
gesteigerten, ja hochschnellenden Euphoriequalitäten da-

Steinkauz
Weder die Propheten noch die Johannesapokalypse äußern sich
zuverlässig zur himmlischen Vogelfrage

herschwätzt; indessen im straffen Unterschied dazu etwa
das christlich-theologische Paradies des Afrika-Römers Tertullian (gest. zu Karthago um 220 n. Chr.) einen Teil seiner
Reize und der Entzückungen der Seligen aus dem Anblick
und dem Geschrei der Verdammten und in die Hölle Ge-
worfenen rekrutiert.

Wie dem auch immer sei, mit dem bereits in der Spätantike raschen Fortschreiten der exakten Wissenschaften und
Erkundungen bei gleichzeitig unverminderter, ja überquel-
lende Himmelsbilder produzierender visionärer Phantasie
im Verein mit den biblischen und durchaus unterschiedlich
auslegbaren div. Einsichten in das Wesen von Gottesreich,
Jüngster Tag (Weltgericht), Christuswiederkunft, Manichä-
ismus usf. ward der christliche und christologische Himmel im Laufe der Jahrzehnte und Jahrhunderte sehr viel dif-
ferenter, als das noch zur Zeit von Jesus' Erläuterungen bei
der Bergpredigt zum Beispiel oder im Zuge der Apokalypse
des Johannes sich dargestellt haben mochte. Mit den, modern gesprochen, Rechtsunwissenheiten wuchsen die Struk-
turprobleme – innerhalb des schon um das Jahr 1350 herum
»mittlerweile recht komplex gewordenen Heilssystems«
(Jezler, a.a.O., p. 22) von Erlösung und Fegefeuer (dies
z. B. kannte selbst Jesus noch nicht oder kaum) und ewiger
Verdammnis, im Zuge der Antithetik, ja streng genommen
Dichotomie von Welt- und Partialgericht (eine Art vorläufi-
ges Gerichtsverfahren direkt nach dem Ableben und also
weit vor dem Jüngsten Tag, dessen Urteile dann aber unseren Beobachtungen und Erkenntnissen nach in keinem Fall
je revidiert mehr wurden noch werden, etwa im Sinne der
Berücksichtigungen neuer gerichtsrelevanter Erkenntnis-
stände, Zeugen usw.) wurden auch Struktur, Aufbau und
Architektonik des Himmels selber immer differenzierter, ja,
muß man schon sagen, unzuverlässiger:

Gehen die meisten Kenner immerhin ziemlich lange und einheitlich von einer, grob geredet, Zweiteilung des Himmels in einen obersten und göttlichen Teil sowie in ein darunter liegendes Paradies (Paradiesgärtlein) für die normalen und ebenso beschaulich wie erbaulich weiter vor sich hin lebenden und zumeist herumspazierenden Seligen aus (s. vielfach bei Lang/McDannell, a.a.O., vor allem p. 104 ff.): so kennt und anerkennt eine alles in allem verbindliche christliche Himmelsordnung und -einrichtung bei v. Glasenapp (Helmuth von Glasenapp, *Die fünf Weltreligionen*, 1963, p. 252 ff.) z. B. zwischen Himmel und Hölle (ewiger Verdammnis) außer dem Fegefeuer-Purgatorium (dies nicht zu verwechseln mit dem Infernofeuer!) auch noch den an das Paradies schon leicht angrenzenden sog. Vorhimmel (genannt auch Limbus, Saum, Streifen, »Abrahams Schoß«, hin und wieder sogar »Wartesaal«) – bei anderen Ausdeutern fungiert dieser Limbus aber auch vielmehr als »schöner Ort« (locus amoenus) für die zwar schuldlosen, aber leider ungetauften Kinder (sog. »Kinderlimbus«), Säuglinge, Neger usw. usf.

Hier wurden sich die Theologen und Wissenschaftler offenbar schon in einem sehr frühen Stadium uneins und vermochten bis hin zum Zweiten Vatikanischen Konzil letztlich keine verbindliche Regelung mehr zu treffen. Doch wie auch immer, zumindest dahin, in den Limbus, könnte man – zumal die überwiegenden christlichen Theologen den Tieren wie den Pflanzen mehrheitlich keine Seele zubilligen (wie, nebenbei, eine Minderheit auch mehrteils nicht den Frauen) – die in Frage stehenden Tiere ja gut tun, wenn schon nicht, wie die erwähnten zahmen, in den Paradiesgarten unterhalb der Himmelsstadt – so viel sei hier immerhin schon in Parenthese gesprochen vorweggenommen. Einfältig und vermutlich ja durchaus nicht auf nähere Gottesan-

schauung aus und erpicht, könnten sie, die Tiere, sich notfalls dort im Limbus ganz gut aufhalten und wären recht
nett untergebracht und vorderhand salviert – nein, weder
1. Kor. 3,13 ff. noch Mt. 5,25 f. sprächen direkt dagegen;
von dort, vom Wartesaal aus, könnten sie durch regelmäßi-
ges und einigermaßen melodisches Miauen und Anschlagen
und Blöken usw. Gott im Sinne von Wilmers (p. 507) ganz
gut loben und preisen, jedenfalls bis zum Ende der Zeiten
(Jüngster Tag), wo dann mit dem einsetzenden Auferstehen
der Leiber und dem Kardinalgericht alles vielleicht doch
wieder ganz anders wird (v. Glasenapp, p. 254), dann erst
nämlich wird Heulen und Zähneknirschen wie bei dem
Menschen so auch unter den bösen und hoffärtigen Tieren
sein – dann aber werden andererseits und innerhalb der guten Tiere auch »die Wölfe bei den Lämmern wohnen« (im
Wartesaal: undenkbar!) – so nämlich wie dann »ein Säugling
seine Lust haben wird am Loch der Otter« (Jes. 11,6).

Wir kommen auf den Fall zurück; ungerecht und un-
durchdacht ist es aber in diesem Zusammenhang schon mal
mit Sicherheit, daß nach der Auslegung der Drusen die
Verdammten besondere Erkennungszeichen tragen werden:
die Juden Ohrringe aus Blei, die Christen Ohrringe aus
Eisen, die sog. »Abgefallenen« aber Hauben aus Fuchsfell.
Das nun aber hieße ja wirklich den Bock zum Gärtner, den
Fuchs aber in schlimmster und bedenkenlosester Vorverur-
teilung zum »Sündenbock« (nach 3. Mose 16) für den besagten Abfall zu machen. Und dies, obschon gerade ein
Himmel auf den Fuchs als auf einen der Niedlichsten und –
bei aller List und zuweilen Tücke – Unsterblichsten am wenigsten verzichten kann! Wir kommen auch auf diesen Fall
nochmals gesondert zurück.

»Wer sein Leben retten will, der wird es verlieren; aber
wer es um meinetwegen verliert, der wird es retten« (Lk.

9,24). Gut, aber das hilft uns hier vorerst auch nicht recht weiter. Der Mensch ist hinfällig und im allgemeinen sterblich, und Ausnahmen bestätigen allenfalls die Regel: Daß der Patriarch Henoch, der Prophet Elias und (seit 1950 durch ein Dekret unter Pius XII. ex cathedra geregelt) auch die Hl. Gottesmutter Maria nicht gestorben seien, sondern von Gott ohne Umschweife in die überirdischen Sphären versetzt worden sind, mag ihnen zum besonderen Heil gereichen, es trügt indessen nicht über gewisse und unleugbare und seit über fünfhundert Jahren und bedenklicherweise sogar im Anno santo (1983) noch einmal vermehrte Diskordanzen und Dissonanzen hinweg betreffend den Aufbau des katholischen Himmels. Wobei das Dantesche *Paradiso* (*Divina Commedia*, 3. Teil und Beschluß) in seinem Kern die dann noch in der berühmten Schedelschen Weltchronik von 1493 (Columbus hatte just Amerika entdeckt) und in der Renaissance des 14.–16. Jahrhunderts übliche Komplementärstruktur in eine göttliche und eine zivile Himmelsebene, also in ein Gottesschloß (Himmelsstadt) und in einen darunterliegenden Paradiesgarten für gewöhnliche Aufhältige, schon 1320 (Erstdruck 1472) kennt: In Parallele zu den von ihm gleichfalls ausgedachten und von Nardo di Cione für Sta. Maria Novella in Florenz recht eindrucksvoll gemalten neun Höllenkreisen des »Inferno« als einem sehr gewaltigen Erdtrichter erreicht Dante Alighieri zunächst den Erdmittelpunkt und dann über die gleichfalls neun Stufen des »Purgatorio« den endlich neunstufigen Himmel mit einem immer höheren Maß von Tugend und gleichzeitig Seligkeit. Die in ausdrucksvollen Terzinen kunstreich aufgezogene Darstellung des Himmelsgebäudes zeigt dabei einerseits das im Mittelalter allgemein herrschende Weltbild des alexandrinischen Philosophen und Astronomen Ptolemäus (100–160 n. Chr.), welches der toskanische Dichter aller-

dings andererseits den neuen christlichen Glaubensvor-
stellungen entsprechend abwandelt. Es beschreibt Dante
nämlich genaugenommen das Firmament als ein System aus
sieben rotierenden Planetenhimmeln, einem außen vorgela-
gerten Fixsternhimmel und endlich dem nochmals darüber-
liegenden unbeweglichen »Empyreum« (siehe: Empore),
dem Sitz der Gottheit, dem »ciel che' é pura luce«; sowie
aber auch der allerhöchsten Heiligen, Kirchenväter und
Propheten, die da zum Bilde einer Rose (rosa mystica) wie
in einer Art Amphitheater umeinandergruppiert sind (vgl.
auch U. Eco u. a.).

Von Tieren in diesem Empyreum ist u. W. wiederum
keine Rede; was Wunder, wird doch bereits lang vorher
das »Tier« der Johanneischen »Apokalypse« (um 96 n. Chr.)
von Aurelius Augustinus keine 400 Jahre später als »gott-
loser Staat« bzw. auch als »Volk der Ungläubigen« (XX,9)
gedeutet und ausgelegt, womit sich die insgesamt tierfeind-
liche Sache natürlich nochmals in den Schwanz beißt und
rundet.

Dem den früheren alttestamentlichen oder auch helleni-
stisch-semitischen Archetypen weit überlegenen und fein-
gesponnenen Danteschen Himmels- und Himmelsstern-
kreissystem verwandt und es ebenso vereinfachend wie ein
bißchen verklärend zeigt sich jenes, welches nach dem für
Christen oder jedenfalls für Katholiken verbindlichen
»Commune Sanctorum« als einer gleichfalls überaus wohl-
ausgeklügelten Himmelsordnung heute ungefähr so aussieht:

An der Spitze, gleich neben oder mitunter etwas unterhalb der im »Himmel der Himmel« und also noch jenseits
des Empyreums wohnenden und unangefochtenen Trinität
(Dreifaltigkeit, Dreieinigkeit) sitzt die Gottesmutter Maria,
jene, die, wie erwähnt, gleich ihrem Sohn Jesus direkt und

ohne Ableben in den Himmel aufgefahren ist (*Assumptio Beatae Mariae virginis*, 1950); gefolgt von den Aposteln, Märtyrern und Bekennern, unter diesen im übrigen auch etliche Jungfrauen und allerdings sehr wenige Ehefrauen. Sozusagen im oberen Tabellendrittel schweben die Normalheiligen (»Sancti«) nach den Regelungen des *Codex Iuris Canonici* (CIC) von 1634, dem heute gültigen Gesetzbuch der römisch-katholischen Kirche, sowie die mit diesen gehaltlich gleichgestellten, rechtlich aber als eher regionale Größen etwas minderen Seligen (»Beati«). Wieder ein bißchen unterhalb in der inzwischen stark verbreiterten Pyramide wohnen die »Ehrwürdigen« (Venerabiles), jene also gleichsam, die einst bei ihrem Seligsprechungsprozeß (Kanonisierung) aus irgendwelchen Gründen knapp gescheitert sind, ohne daß doch trotzdem je der Rang ihrer heiligmäßigen Dignität wirklich in Frage gestanden wäre; sowie endlich die »Gottseligen«, ein Abglanz gewissermaßen von Dantes »Theologen« (4. Erdsphäre), eine Gruppe, der laut CIC und anderen Rechtsgrundlagen aber auch jeder sich zurechnen mag und darf, der »eines guten Todes«, d. h. nachweislich oder doch glaubwürdig ohne Erbsünde resp. schwere Sündenschuld anderweitiger Art, also praktisch im Zustand der Gnade (»heiligmachenden Gnade«) gestorben ist oder jedenfalls zu der Vermutung Anlaß gibt.

Als Schlußlichter dieses dem 1. Danteschen Erd- und Himmelskreis einigermaßen vergleichbaren Felds oder Pyramidenblocks der Geretteten fungieren Normalhimmelsbewohner wie du und ich und ohne besondere Verdienste und weitere Auszeichnungen; z. T. sogar solche, die gleichsam dem Abstieg ins Inferno so gerade noch entwischt sind und das Fegefeuer mit einiger Mühe hinter sich gebracht haben; versehen und behandelt gleichsam mit einer besonderen göttlichen Huld und Nachsicht.

Auch in dieser auf die bekannte Vision des Gerardesca,
vor allem aber auf Papst Johannes XV. und das Jahr 993 zu-
rückdatierenden kodifizierten und durch das *Lexikon der
deutschen Heiligen* da und dort vergleichend zu ergänzenden
Himmelschörehierarchie (societas perfecta) geschieht der
Tierwelt, so weit zu erspähen, noch immer keine weitere
Erwähnung. Dabei wäre es rein formal und formalrechtlich
ein leichtes und kleines gewesen, die Tiere in dem (laut
Dante, aber auch Mechthild usw.) noch recht erdennahen
ersten und zur Not sogar zweiten Himmel unterzubringen
– vielleicht nicht alle, aber doch die allermeisten Tiere könnten hier gut und gern ihren Platz und Spielraum haben – in
den Chören der nach oben hin stark und rasch sich verjün-
genden und zuspitzenden Kegelpyramide natürlich weniger. Platz wäre sicherlich auch gewesen unterhalb der neun
Engelschöre in dem – nicht mit dem Limbus oder gar Fegefeuer zu verwechselnden! – Paradiesgärtlein; und tatsächlich, ausgerechnet der sonst so gestrenge und rücksichtslose
Dominikaner Girolamo Savonarola (1452–98) läßt in seinem *Kompendium der Offenbarungen* (1495) anders als Mechthild von Magdeburg außer murmelnden Bächlein und wun-
derbaren Blumen dort in diesem Gärtlein auch »zahme Tiere« wie Schafe, Hermeline und Hasen zu, alle »weißer als
Schnee«, sowie auch bunte, flatternde und süß singende
Vögel (*Compendio di rivelazioni*, p. 205).
   Bei all der darin beheimateten Evidenz der Ungerechtig-
keit, bei aller gar zu einseitigen Bevorteilung gerade der angebl. nur treuherzigen weißen Tiere (und das hieße ja wohl
im Zweifelsfall auch: Eisbär ja, Grizzly nein): hier ausgerechnet bei Savonarola, keineswegs bei Dante, läge ein Lö-
sungsansatz, ein Anstoß zu einem künftigen Umdenken in
Causa animalia; auch wenn man sich den Himmel heute
nicht länger als ein über die Erde gespanntes Zeltdach aus

Jaspis, Gold und Perlen sowie voll »claritas« (Albertus Magnus) auf die Zeltspitze zu vorstellen mag; sondern im Sinne von Albert Einstein eher als einen in die Vierdimensionalität hinein gekrümmten Großraum sich ausmalt; und dies gilt selbst dann, wenn man hinsichtlich des, so mag es diesen oder jenen dünken, vielleicht allzu mohammedanisch auftrumpfenden Gedankens einer zuerst allerdings vom Kirchenvater Origines formulierten Theorie oder jedenfalls Arbeitshypothese der »Allerlösung« (»Apokatastasis panton«) mancherlei Bedenken nicht zu unterdrücken vermag; hieße das doch nicht allein die Rettung der Tiere, sondern sich auch mit dem lästigen, ja ungehörigen Gedanken anfreunden, daß auch noch der Satan selbst erlöst wird, jawohl, der Satan selbst, pfuiteufel.

Ausgelassen sind im CIC-Modell die Engel und Engelschöre in ihrem bekannten Sonderstatus und in ihrer bei Dante erläuterten Sonderexistenzform und Substantialität, nämlich als Engel und Erzengel, Cherubin und Seraphin, Throne und Herrschaften, Gewalten und Intelligenzen usw.; Heilige mithin, soweit sie nicht wie Luzifer früh abgefallen sind, gewissermaßen von Anbeginn der Zeit (noch vor dem sog. Big Bang); und von ihrerseits kaum ermeßlicher Zahl: Laut Patriarch Henoch und seinen heute noch gültigen Angaben hat man seit undenklichen Zeiten mit 301 655 722 Engeln zu rechnen, also weit mehr als die Gesamtzahl der seit der Genesis (4004 v. Chr.) bis zu Henoch lebenden Menschen, diese ungeheure Engelsschar eingeteilt und untergebracht nach den Erkenntnissen der Gnosis in 496 000 Myriaden – was aber bedeutet dies für den zukünftigen Tierstatus im Jenseits? Nun, nichts grundsätzlich Unvereinbares und Unlösbares. Man ist heute im wesentlichen abgekommen von jenen noch um 1550 da und dort (s. Bernheim/Stavrides, a.a.O.) anzutreffenden Lehrmeinung

gewisser katholischer Kreise und Prediger und gar zu Hochgelehrter, es könne nur ein Millionstel aller Verstorbenen
selig werden, i. e. das Gottesreich oder jedenfalls das Paradiesgärtlein erlangen. Extrem konträr zu dieser höchst einseitigen und sogar etwas misanthropischen Ansicht kommt
der zeitgenössische Reverend Henry Harbaugh auf die
ebenso überraschende wie auch extrem erfreuliche Schätzung, daß sich gegenwärtig etwa 28 Milliarden Seelen im
Himmel befinden (ebd.) – die Hälfte davon Kinder –, und
dagegen kommen ja die 301 Mio. Engel rein größenordnungsmäßig kaum in Betracht und sind als solche jedenfalls
kein zwingender Hinderungsgrund für Tiere. Erneut erweist sich hier jenes allzu leichtfertig, ja unverantwortlich
mit Motiven wie »Platzgründe« und Rationalisierungen wie
»Platzangst« manövrierende Argument, der Himmel sei
schon voll (und nicht zufällig kommt es aus dem wie eh und
je ketzerischen Holland), als so unbedacht wie leichtsinnig;
vor allem, wenn man gleichzeitig liest und erfährt, daß die
verklärten Leiber der am Jüngsten Tag Auferstandenen in
einer Sekunde spielend 304 000 Kilometer zurücklegen können, schneller also als das Licht sind, und mithin den gesamten unermeßlichen Weltraum ebenso bequem bewohnen wie aufs beste auch erschließen helfen können und ja
sollen.

Nein, Reibungen mit überhandnehmenden Tieren kommen als Argumentum ad rem ebenso wenig in Betracht wie
Platzgründe in toto und als begründeter Einwand eines ja
immerhin denkbaren Advocatus Diaboli oder auch des ihm
beigeordneten Promotor fidei im gesamtheitlichen »processus per viam cultus« (P. Österle, *Einführung in den Prozeß*)
– ganz gleich und völlig unbeschadet der dabei noch gänzlich unentschiedenen Kardinalfrage, ob verstorbene Tiere
grundsätzlich und integral den Rang und die Gnadenbefind-

lichkeit von Heiligen und Seligen erreichen können, oder ob
sie mehr zu den Gottseligen oder immerhin »Gottgewis-
sen«, i. e. »Gerechtfertigten«, zu zählen sind, oder ob sie
nur und lediglich wie die Ungetauften, die Heiden und die
vor Christi Geburt Gestorbenen u. U. durch die »Begierdetaufe« das Heil erlangen und ins Reich gelangen dürfen –
siehe dazu im übernächsten Kapitel besonders unsere Erwägungen und Einlassungen zum Katta-Lemur aus dem
fernen Madagaskar.

All dies wäre ggf. und gelegentlich von der noch heute in
Rom dafür zuständigen Glaubens- und Ritenkongregation
und einem dafür eigens von Jos. Exzell. Ratzinger bestallten
Postulator zu klären oder jedenfalls ins noch Unreine vorab-
zuklären und immerhin beschleunigt und mit besonderem
Eifer anzupacken; wobei weiterführende Fragen wie etwa
die obligaten Seelenmessen (sog. »Seelgerät«) usw. im Sinne der allgemeinen jenseitsvorsorglichen cura animae sicherlich erst mal unbeachtlich bleiben können. Während
man aber andererseits jetzt schon daran denken könnte, no-
minalistisch gesprochen und mit dem Ziele der abermaligen
Lösung des alten Universalienproblems jenen Gedanken
aufzugreifen des Boethius (gest. 524) von der »similitudo
rerum«, ergo auch der himmlischen Zusammenfassung be-
stimmter Gattungen und Arten zu gewissen zusammenhau-
senden Tiergruppen, selbstverständlich auch nach intellek-
tuellem und moralischem Rang jeweils näher oder ferner
zur Trinität hin; wobei insgesamt und beinahe selbstredend
wie für Menschen auch für Tiere gilt: »Sunt incorporalia,
sed sensibilibus juncta« (Boethius, loc. cit.).

Wenig nützte einer solcherart hic et nunc tätig werdenden
römisch-vatikanischen Kongregation der allzu penetrante,
ja recht eigentlich regressive Hinweis auf die sattsamst ge-
läufige und so viel wie gedankenlos vorgebrachte biblische

Scheidung nach »Schafen und Böcken«, beide angetreten
vor dem Weltenrichter, wie sie noch der katholische Dichter
H. Böll (1917–85) in seinem bekannten Roman *Billard um
1/2 zehn* (1959) so leidenschaftlich wie letztendlich jedoch
kontraproduktiv aufgreift. Eine solche Scheidung nach
sanften und wilden Tieren prolongiert und perpetuiert ja
doch nur nochmals jene unreflektiert atavistische und mani-
chäische Gut-Böse-Sicht der Guten und ihrer beliebten
»Sündenböcke« (a.a.O.), wie wir sie doch hier und heute
ein für allemal überwunden und hinter sich bzw. uns gelassen geglaubt haben sollten. Und wenn ähnlich auch jenes af-
fine und annähernd synchrone, scheinbar unverdächtig sich
auf seine biblische Offenbarungskraft berufende Wort besagt, eher gehe ein Kamel durch ein Nadelöhr als ein Reicher in den Himmel ein (Mt. 19,16–24), dann – sollten wir
Modernen auch dies als loses Gerede strikt zurückweisen.
Verräterisch aus dem Kontext der biblischen Synopse von
allg. Tierfeindlichkeit heraus dechiffriert der jesusmäßige
Satz seinen Sinn als freudianisch verklausulierten und leicht
dechiffrierfähigen lapsus linguae et animae: Eher, so möchte
er eigentlich unterderhand sagen, geht ein Reicher durch ein
Nadelöhr als ein Kamel ein ins Gottesreich.

Wir wissen hier und heute nicht, was der Jude und Wü-
stensohn Jesus gegen Kamele hatte. Wir meinen: Nicht
schlechter als jener Ochs und Esel, welche sich einst zu Bethlehem neugierig und wohlwollend über sein Kripplein beug-
ten, ihn beehrend zu beschnuppern und gar zu beschlecken
– nicht viel schlechter stünden seinem heutigen Himmel
schon rein optisch ein paar Kamele und Dromedare an.

Zumindest in den unteren Rängen; den wenn nicht gottseligen, so doch durchaus gottgerechten. Es muß ja, mit
Simmel zu sprechen, nicht immer gleich das höchste Empyreum sein.

Weitere theologisch-rechtliche Prämissen

»Und ich sah«, berichtet geradezu schwärmerisch Johannes in seiner Apokalypse, »die große Stadt, das neue Jerusalem, aus dem Himmel von Gott herabfahren, bereitet als eine geschmückte junge Braut ihrem Manne. Und ich hörte eine große Stimme vor dem Thron, die sprach: Siehe da, eine Hütte Gottes bei den Menschen; und er wird bei ihnen wohnen, und sie werden sein Volk sein, und Gott selbst wird mit ihnen sein. Und er wird abwischen alle Tränen von ihren Augen, und der Tod wird nicht mehr sein, noch Leid noch Geschrei noch irgendwelcher Schmerz. Denn das erste ist vergangen. Und der auf dem Thron saß, sprach: Siehe, ich mache alles neu!«

Noch nicht so akkurat wie wenig später Augustinus mit seinem »Ende der Weltzeit« (XX,8) differenziert hier Johannes hörbar zwischen einem mehr diesseitigen oder einem vielmehr jenseitigen Himmel; ebenso wie ihn die dann bereits bei Augustinus unanfechtbare Scheidung zwischen zuerst geistiger und dann erst am Tag des Weltgerichts leiblicher Auferstehung im Zuge seiner Lehre des zunächst einmal für tausend Jahre gefesselten Teufels offenkundig weniger interessiert; recht ungeklärt seinerzeit auch noch die reinliche Scheidung zwischen christlicher »Auferstehung« und ihrer nämlich vielfachen und meist synonym ge-

meinten Bezeichnung als »Wiedergeburt«; welche aber unter gar keinen Umständen verwechselt werden darf mit
den kasuistischen Reinkarnations-Drechseleien unserer
geschworenen Feinde, etwa den bösartigen und arglisti-
gen Karma-Lehren der Hinduisten, Buddhisten und sog.
Dschainisten, so da aber im Unterschied zu unserer reinen
Lehre von der abstrusen Einbildung unendlicher und nicht
mehr endender Lebensketten in Form von abscheulichen
Seelenwanderungen ausgehen, wie sie ja zu Recht von meh-
reren und unterschiedlichen katholischen Päpsten als Teufelsdreck gewissermaßen im wölflichen Schafspelz abgeurteilt und auf das allerentschiedenste zurückgewiesen und
verdammt worden sind.

Allerdings löst auch die herrliche Himmelsvision des apo-
kalyptischen Johannes noch keineswegs das Tierproblem
in all seinen theologischen und juristischen Prämissen, Konditionen und Kautelen. Sondern wirft nur nochmals ver-
schärft die abermalige Disputatio auf: 1. Ob auch die Tiere,
so wie die Menschen eine zweite Auferstehung ihrer Leiber
erleben dürfen – oder aber ob sie ggf. lediglich mit ihren
Seelen in das Gottesreich einrücken. 2. Sind diese Seelen wie
die des Menschen unsterblich, und, wenn ja, sind sie dann
entsprechend gleich zu behandeln (Gleichheit vor dem Gesetz)? 3. Wenn ja, in welcher Entfernung werden sie vor
dem von Johannes erwähnten Thron in Gottes Hütte sitzen
dürfen? 4. Sämtliche oder doch nur einzelne und bevorrechtigte und auserwählte, nämlich im Sinne der auch bei den
Menschen angewandten Schuld- und Gnadenlage? 5. Können Tiere insofern überhaupt schuldig und schuldhaft sein?
6. Wenn ja, läuft es in diesem Fall also seitens der damit be-
trauten Verantwortlichen auf eine gesonderte Aburteilung
und in der ferneren Konsequenz auf ein gesondertes Weltgericht für Tiere hinaus? 7. Wenn ja, unmittelbar nach

ihrem Ableben oder gleichfalls am Tage des großen Weltgerichts?

Diese und ähnliche scharfsinnige Fragen zu stellen heißt
dabei gleichzeitig die theologische Klärung ex negatio aus-
zuklammern dessen, was, wie schon gestreift, als Zwi-
schenzustand zwischen Himmel und Hölle (Inferno) zuweilen »Limbus« oder auch »Vorhölle« genannt wird; was bei
Tertullian dann »interim refrigerium« heißt; dessen also,
was dann mählich mit dem Hl. Clemens und dann zunehmend mit dem 12. Jahrhundert u. ff. »Fegefeuer« (Purgatorium) heißen wird, nämlich also »reinigendes Feuer« im
Kontrast zum höllischen; bei gleichzeitig zunehmender Einsicht, daß im allerstrengsten katholischen Sinn ja keiner
ganz ohne Sünde sei, daß, so Jesus, wer ohne Schuld sei,
den ersten Stein werfen möge – aber natürlich gleichwohl
noch nicht wegen jeder Kleinigkeit in die Hölle müsse – dies
allerdings bei gleichzeitig fortschreitend klareren Ansichten
über die Hölle und ihre fürchterliche Wirklichkeit (Reali-
tät), ja bei einer nachgeraden »Explosion des Höllenbildes
im Hochmittelalter« (Hans-Dietrich Altendorf, 1994) und
letztlich seit Papst Gregor I. (gest. 604); bei einsehbarerweise synchronem Zurücktreten in der theologisch-philosophi-
schen Elaboration und Exploration der im Vergleich zur
Hölle schon recht inhaltsarmen, ja geradezu langweiligen
Imagines vom Himmel und vom Paradies.

Und es wurde von Papst Gregor u. a. auf diese Dominanz
der Hölle und der Verdammnis zu Recht erhöhter Wert gelegt, galt es doch nicht allein, die zuweilen schon wieder ge-
schwächte Kirche (Ecclesia sancta) und namentlich ihre
Glieder schärfer an die Kandare zu nehmen; sondern auch
und vor allem jene unselige Idee und Tradition der sich von
Origines herschreibenden universellen Apokatastasis (Wie-
derherstellung) mit rücksichtsloser Härte zurückzuweisen;

einer verschrobenen Pseudodoktrin, die da nicht nur auf
eine Erlösung auch der Bösen und letztendlich sogar des
Teufels hinauswill; sondern – und dafür wurde Origines 542
und dann nochmals 553 mit vollem Recht zum Ketzer er-
klärt und hätte eigentlich gesteinigt gehört – auch noch auf
eine Ableugnung, ja Abschaffung der Hölle.

Und man wolle nicht glauben, daß wir auf diese Abschaffung aus sind. Das wäre nun wirklich zuviel des Guten. Das
liefe ja auch auf eine konträrkomplementäre Abschaffung
des Himmels (Paradiso) hinaus. Und kann nicht Sinn der
Sache sein. Respice finem!

Wobei im theologischen Gnadenzusammenhang sowohl
des Bösen als auch der spezifischen Tierproblematik die
ganz integrale Frage nach der »Erbsünde« (genannt auch:
Ursprungssünde) hier vorerst noch beiseite gelassen sei; die
nahezu unbeantwortbare Frage nämlich, wie sie seit 400 im
christlichen Mittelmeerraum gleichsam in der Luft lag:
die nach der erbsündlichen Verfaßtheit des Menschen also
in einer ja erst durch die Taufe oder wenigstens Begierdetaufe abgeschüttelten prinzipiellen Gnadenlosigkeit. Eine
höchst heikle Frage, die uns seit praktisch Jahrtausenden zu
schaffen macht – eine Frage, wie sie z. B. beim vortäufli-
chen Ableben unschuldiger, aber eben mit einer Erbsünde
behafteter Säuglinge weidlich relevant, ja hochstringent
werden kann. Augustin plädiert in solchen leidigen Fällen für eine winzige und »ganz milde Strafe« im Sinne der
wünschenswerten Tilgung an eingeborener Sündenschuld:
»Mit Recht kann man sagen, daß Kinder, die ohne Taufe aus
dem Leben abscheiden, in der allermildesten Verdammnis sein werden. Sehr täuscht sich aber jemand oder läßt
sich täuschen, wenn er sagt, sie seien gar nicht in einer
Verdammnis« (*De pecc. mer. et rem.* 1,16,21; Anfang 412
n. Chr.).

Nun kann und darf man sich mit Hans-Dietrich Altendorf (a. a. O.) zwar füglich darüber wundern, daß ausgerechnet Augustin sich hier als der erste Theologe erweist und vorstellt, der die erst eigentlich viel späteren und hochmittelalterlichen, bereits jetzt aber im niedrigen Volk gut verbreiteten Vorstellungen und Schemen von Hölle und Fegefeuer bewußt oder auch gewissermaßen unbewußt aufnimmt, welche eigentlich doch den intelligibleren seiner

Riesengürteltier
Wie dem verwandten Ameisenbären ist ihm Religiosität offensichtlich
nur bedingt zuzubilligen

Meinungen und Überzeugungen entschieden widersprechen mußten. Gleichwohl ist die scheint's etwas einfältige, ja verblasene Kernidee einer recht sachten und gewissermaßen mehr symbolischen Abstrafung resp. Tilgung im Falle von ungetröstet dahingegangenen Nichtgetauften hochbe-

achtlich – und sie könnte u. U. auch und gerade für Tiere
recht interessant sein, deren Nichttaufe selbst in den Exem-
peln hochintelligenter Tiere ja gleichfalls nicht oder kaum
auf Schuld in einem theologischen Verständnis einmündet;
und, den Fall bedacht auf den gesamten riesigen und vielge-
stalten tierischen Weltkosmos, selbst als Massentaufe ja rein
praktisch auch gar nicht zu bewältigen wäre.

Es sei denn, man geht hier behelfsweise wieder von der
genügenden Wirksamkeit einer bloßen Begierdetaufe aus;
was aber wiederum und insgesamt den neueren Einsichten
in den psychologischen Apparat der Tiere (sh. z. B. bei
Brehm, Dröscher, Grzimek u. m. a.) und ihres mehr auf
die niederen Bedürfnisbefriedigungen ausgerichteten Appe-
tenzverhaltens doch energisch zuwiderläuft.

So daß sich von daher und durchaus in Konkordanz, ja
Koinzidenz mit augustinus für die Tiere zumindest die
Chance auf ein Verweilen im allerdings gottfernen Limbus
(Schöner Ort) kräftig vergrößerte. Andererseits darf und
kann man aus den gütigen augustinischen Worten wie für
Säuglinge so u. U. auch für Tiere eigentlich mehr die Inaus-
sichtstellung der Himmelsaszension eben nach der Ablei-
stung der »milden Strafe« herauslesen: im Sinne eines nun
allerdings doch wieder originesnahen Gnadenmodells auch
für wennschon keineswegs sämtliche, so doch etliche Tiere;
ein Zugeständnis, dem wir hier insgesamt doch stark den
Vorzug geben und den Vortritt lassen. Allein wir stimmen
hier und auf diesem Felde aber keineswegs mit dem Boethius überein, welcher (und dies als gelernter Mathematiker
und Logiker!) in seiner Schrift *De trinitate* (520) dazu rät,
man solle alle diesbezüglichen Streitfragen ohne Ausnahme
»ex intimis philosophiae disciplinis« zu erklären versuchen.
Wäre man damit zufrieden, so hieße dies ja in der vollen
Consecutio und Konsequenz nicht mehr und nicht weniger,

als man möge sich's wohl sein lassen und sich theologisch
möglichst raushalten – am besten auch in der drängenden
Tiererlösungsfrage, sei's pro, sei's contra. Wir meinen: Dies
kann nicht der Sinn der von Boethius propagierten philosophischen Beschaulichkeit (»Consolatio philosophiae«) sein!
Wir Heutigen sprechen hier von repressiver Toleranz! Nicht
einen Gedanken verschwendete dieser Mann an die Tiere.
Ganz zu Recht wurde er deshalb von König Theoderich des
Hochverrats beschuldigt und 524 in Pavia hingerichtet!

Hinzu kommen die allgemeinen tierrechtlichen Conditiones und Essentiales, wie sie sich z. T. aus der Verfassung
und dem Tierschutzgesetz, z. T. aus den Grund- und Un-
terlagen der UNO, der UNESCO, der Weltgesundheits-
organisation WHO oder auch aus den Publikationen der
Evangelischen Zentralstelle für Weltanschauungsfragen
EZW ergeben (man lese und prüfe z. B. ergänzend das vor-
zügliche Arbeitstextpapier Nr. 27 zum Tierschutz und zur
Ethik der Beziehungen zwischen Mensch und Tier von
Gotthard M. Teutsch und Andreas Hohn, Stuttgart o. J.,
mit besonderer Akzentuierung der »Unteilbarkeit der
Ethik« und unter stetem Hinweis auf die »seit der Antike
dem Tier gegenüber geübte Grausamkeit« der Menschen,
wie sie nämlich auch von Thomas von Aquin und sogar
Kant keineswegs abgeschafft und gemildert oder gar zur
christlichen Nächstenliebe hin korrigiert worden ist; kom-
plettierend dazu auch: Willi Wüllenweber, *Tiere schauen zu
dir hin*, Nördlingen, a.a.O., unter besonderer Berücksichtigung des von ihm zu Recht sog. Mengele-Syndroms
u. v. a.) – wenn auch genannte Schriften inklusive der pas-
toraltheologischen Studien lutherischer Provenienz bedau-
erlich genug ausgerechnet die akut postmortale Destination
der animalischen Kreatur immer noch vernachlässigen zu
dürfen glauben. Und sich's umgekehrt in der bloßen Hu-

manität der schieren Immanenz schon gar zu wohl werden
lassen. Ja freilich, es führt ein langer und nur allzu breiter
und komfortabler Weg von Boethius über Kant und Martin
Niemöller bis hin zu sogar Max Horkheimer, welcher in
seiner biografischen Schrift *Das Recht der Tiere* aus dem
Jahr 1959 (nachgedruckt in: G. M. Teutsch, *Da Tiere eine
Seele haben*, 1987, p. 187 ff.) sich zwar für einen nach Möglichkeit humanisierten Tiertransport und ethisch besser be-
dachte Tierexperimente einsetzt und für sich einnimmt –
zur strukturellen und zumindest tendenziellen Gleichstel-
lung des Tiers mit der humanmenschlichen Kreatur im
Kontext einer transzendentalen Resurrexions- und Red-
emptionsperspektive aber item nicht ein einziges Wort
verliert; ja nicht einmal ein Wörtchen zu seiner, des Tiers,
unvermeidlich letzter, seiner mit Bangen im Herannahen
gefühlten Sterbestunde und, wie zahlreiche Augenzeugen
ergriffen berichten, in der gänzlichen Hilf- und Trostlosig-
keit voll Trauer und Abschiedsschmerz hingebrachten und
vollbrachten allerletzten Lebensminute; ja, auch für die
Kreatur ist (vgl. auch Arno Borst u. a., *Tod im Mittelalter*,
Universitätsverlag Konstanz, 1993) wie für den spätmittel-
alterlichen und wahrscheinlich schon für den frühzeitlichen
Menschen Sterben vor allem eine Sterbekunst; sog. ars
moriendi; ja, »vita mors est« auch für es, das eben deshalb
genauso getröstungsbedürftige Tier; auch für es gilt, was
Hermann der Lahme im 11. Jahrhundert wahrheitsgemäß
zu Papier bringt: »Zum Ziel des sicheren Todes laufen wir
und kommen schrittweise voran, jede Stunde, Minute, Sekunde. Ob ich will oder nicht, ich gehe dahin und vermag
auf keine Weise innezuhalten.«

So der Mensch, so intuitiv auch das Tier. Gleichbehand-
lung vor dem Tod wie vor dem Gesetz ganz entschieden
und ohne Ausflüchte also auch hier!

Dabei wäre es für die Max Horkheimer und Konsorten
im Prinzip ein leichtes gewesen, sich dazu zu verstehen,
wenn schon nicht das gesamte Tierreich, so doch wenigstens die Primaten in alle weiterführenden und transzendentalen Überlegungen einzubeziehen; mit der Zielperspektive
z. B. eines grundsätzlichen Konsensus aller freiheitlichen
und fortschrittlichen Kräfte, wenigstens und immerhin die
allernächsten Verwandten respektive Ahnen des Homo sapiens zu berücksichtigen. Und im gleichen Zug noch die
weiterführende und allerdings schon noch prekärere Frage
anzupacken: Welche, wenn ja, Primaten sollen seitens der
höchsten Schiedsstelle Berücksichtigung erfahren, welche
freilich leer ausgehen? Nun, sicherlich der Schimpanse wird
in Anbetracht seiner der unseren so verwandten Gen- und
DNA-Struktur sowie seines hohen IQ-Werts wohl in jedem
Fall urgente Akzeptanz und Einlaß verlangen und auch finden können, zumal nicht zuletzt und sogar von einer erst-
rangigen Fachkraft, Jane Goodall, der Sinn für »Hausordnung« (a.a.O.) bei Schimpansen gelobt und gerühmt wird.
Den Gorilla wird man tunlich nur in sehr seltenen Ausnah-
mefällen in Betracht ziehen und bedenken – den Orang-
Utan in aller Regel wohl schon, ist er doch hinwiederum
laut Aussage von Fachleuten fast wie ein Mensch zu veran-
schlagen, nämlich befähigt nicht bloß zur Mitfreude (z. B.
als Tanten, also an den Kindern eigener Geschwister usw.),
sondern zuweilen sogar zur Kranken- und Totenpflege wie
ähnlich der Elefant oder auch der Katta – dem Schimpansen
aber wird von Goodall sogar ausdrücklich die Fähigkeit zur
Kompassion (Empathie, Misericordia usw.) bestätigt. Wir
halten allerdings noch im gleichen Atemzuge dafür, daß
innerhalb der Primaten nicht eingehen sollen Rhesusaffen,
Lori, Makak und Koboldmaki, welche zwar allesamt nett
und meist artig sind, jedoch sowohl als Junge wie als Adult-

tier einfach zu drollig, ja ein bißchen inferior und also letztlich unstatthaft aussehen.

Denn irgendwo muß eine Grenze sein, u. E. etwa beim Gibbon. Sofern er sich einigermaßen im Zaum hält und andere nicht belästigt.

Insgesamt hilfreich bei der letztendlich vielleicht desultorischen Entscheidungsfindung ist das Bild, welches sich der uns Rechtgläubigen sonst in einigen Punkten recht verdächtige Brahmanismus in Form sog. »Affenschulen« macht: daß der Mensch, um gerettet zu werden, sich an die Gottheit klammern muß wie ein Äffchen an den Hals der Mutter« (Helmuth von Glasenapp, *Die fünf Weltreligionen*, 1963, p. 56).

Und schon deshalb soll das Äffchen reziprok auch gleich selber sich an Gott klammern dürfen und im Himmel freundliche Aufnahme finden.

Antippend angegangen seien hier schon kursorisch und im Stenogrammstil zwei weitere Tiere: Man dächte, daß der Dachs schon allein in Anbetracht seiner allgemeinen Honettität und Gutgewachsenheit eine gewisse Bevorzugung erfährt; indessen der Biber als der in gewisser Sehweise menschenähnlichste, nämlich als einziger neben dem Homo erectus sapiens mit unleugbaren architektonisch-weltdemiurgischen Fähigkeiten und entsprechenden genetischen Prägungen ausgestattete Mensch, schon aus eben diesem einfachen Grunde der Analogiebildung auserwählt werden dürfte; und ja, werweiß, im Drüben sogar als Baumeister sich nützlich machen kann, zumindest in den unteren Danteschen Himmelskreisen.

Man sieht schon, bei einigem Nachdenken und allgemeinem Taktgefühl geht es also durchaus, es zeichnen sich also durchaus plausible Lösungs- und Diversifikationsmöglichkeiten ab, weit ab vom bequemen Weg der gerichtlichen

Einbahnstraße. Nein, »alle Wege« müssen eben durchaus nicht »zu Thomas von Aquin führen« (F. A. Z.) und zu seinem für manche Alt- und Neuscholastiker offenkundig noch immer unverzichtbaren, ja unüberwindlichen Tiertabu, und das heißt ja wörtlich: Tier-Denkverbot! Nein, ellenweit über diesen bedauernswerten Thomizentrismus selbst der heute so genannten »Neo-Mediävisten« hinaus und ihre wahrlich beklagenswerten, ja verdammungswürdigen Scheuklappen sind als falsifizierendes Korrektiv gegenüber manchen Fehlentwicklungen und Falschdeutungen der sozusagen originärmediävistischen Zeit und ihrer z. T. ordinären und beinahe blasierten Tiersicht durchaus neue Optiken und visionäre Konzepte als moderne Entscheidungshilfen sehr wohl denk- und machbar und Rom zuratend zu verabfolgen – auch und gerade vor dem erhellten Hintergrund der heute ja vielbeschworenen »Pluralität des intellektuellen Lebens im Mittelalter« (Philipp W. Rosemann; vgl. auch K. Flasch, loc. cit., u. a.).

Und es kann bei einer modernen und scheuklappenfreien Bewältigung des allg. Tierproblems auch keineswegs nur um den in der Tat »unnötigen Terror gegen die Tiere« (M. Horkheimer, a.a.O.) zu tun sein noch lediglich um die entsprechende »Hoffnung für die leidende Kreatur« (E. Drewermann, 1987) im gegenwärtig prädominant materiellen und moralischen Immanenten einer fast schieren vitalen Substantialität und erhöhten »Lebensqualität« (W. Brandt). Vielmehr abermals stellt sich hier und heute über den Tierschutz Kants und Spaemanns u. a. weit hinaus und noch immer unbeantwortet die ja sogar unmittelbar an das innerliche Geheimnis der Theodizee anknüpfende Frage: Nicht so sehr, wie es der polnische Papst, sondern vielmehr der dreieinige Gott selbst mit dem Tiere hält. Im Ganzen wie im Individuellen. Und es stellt sich, wie für Thomas v. Aquin

(1225–74) so für uns Moderne, zum wiederholten Male die fernere Frage nach der Erkenntnisquelle, wenn man liest (Bernd Marz, »Die Kreatur Gottes klagt an«, in: *Börsenblatt des Deutschen Buchhandels*, 8. 3. 1991, Abt. Theologie), was ein Vertreter der katholischen Kirche in Deutschland jüngst erst wieder in unverfälschtest thomizentrischer Unbelehrbarkeit verlautbart und geäußert hat:

»Tiere haben weder eine unsterbliche Seele noch gibt es für sie ein Weiterleben nach dem Tod.«

Der Prediger des Alten Testaments, so runzelt Marz zu Recht die Augenbrauen, sei da vorsichtiger gewesen. Schon im Buch Kohelet (3,21) stehe zu lesen:

»Wer weiß schon, ob der Atem (i. e. Geist) der einzelnen Menschen wirklich nach oben steigt, während der Atem der Tiere ins Erdreich hinabsinkt.«

Positiv wahrlich antwortet der tiefsinnigen Frage des alten Salomo bereits die gegenwärtig erfreulich zunehmende Frequenz sogenannter Tiergottesdienste – positiv antwortete der Legende nach schon jener Pfarrer im römischen Vorstadtviertel San Pietro Damiano, welcher später auf den Namen Papst Paul VI. hören sollte und der einst einen kleinen und über seinem verstorbenen Hund weinenden Buben also tröstete:

»Wir sehen alle unsere Tiere im Geheimnis Gottes wieder.«

Mit dem »alle« ging der nachmalige Pontifex ein wenig weit, fraglos zu weit. Nicht einmal die Haustiere möchte man ja alle wiedersehen. Aber die meisten. Denn siehe: »Der Gerechte hat Verständnis für das Verlangen seines Viehs« (Sprüche 12,10); auch das, ihm in den Himmel nachzufolgen. Als fromme Christen vertrauen wir Gottes Entscheidungsvollmacht, seinem Kommando, vor allem seiner selektiven Kompetenz. Als Theologen versuchen wir die göttlichen Entscheidungskriterien hier und heute nicht nur in Ruhe nachzudenken. Sondern im Rahmen der Gleichzeitigkeit göttlicher Zeit ja durchaus vor. Mit unseren Gedanken und Erwägungen gehen wir dem allerdings Allmächtigen und Allweisen und Allgütigen stützend und ganz im Sinne der des Menschen ja sehr bedürftigen göttlichen Theodizee gern hilfreich zur Hand. Hinüber- und weiterreichend unsere Ratschläge, so man will: unsere Vorentscheidungen und Überantwortungen – so man anders will: unsere Petitionen. Mögen sie Gott zu Herzen dringen!

Offen bleibe hier allerdings die grundsätzl. Frage eventueller späterer Urteilsrevisionen beim künftigen Weltgericht. Sie sei einer gesonderten Studie vorbehalten.

Fälle von Redemption
(Placet)

Mit den Hunden, zumal diesen großen, ist es schon ein Sonderproblem, auch dergestalt, ob man nur die leisen und kaum bellenden und kläffenden der Redemption i. e. Aszension (Levitation) und Assumption bzw. Resurrektion teilhaftig werden läßt oder auch die lauten und nämlich deshalb u. U. besonders wachsamen. Beiseite vorläufig auch und generell nochmals die Frage, ob verstorbene Lebewesen, sei's Mensch, sei's Tier, sofort in den Himmel (resp. in die Hölle) kommen oder vorerst und vorderhand – zwischen Tod und Jüngstem Tag – in ein Refrigerium, also eine Art Warteraum mit, wie die Alten es sich dachten, div. Erfrischungsmöglichkeiten – dieses aber wiederum nicht zu verwechseln mit dem bekannten Purgatorium/Fegefeuer (Vorhölle), so wie es Tertullian oder Perpetua in den ersten frühchristlichen Jahrhunderten und wohl noch im Gefolge des Buchs Henoch sich ausmalten; oder gar mit dem sog. Limbus (Schöner Ort, locus amoenus) im Sinne einer sensualiter gegebenen körperlichen Präsenz des Aufbrechens aus den Gräbern, wie Gott es einst Abraham verheißen hat. Zurückgestellt vorerst auch die diffizilste aller Fragen, die der doppelten Destinationslehre, wie sie von Bruder Gottschalk (Fulda) im tapferen Kampf wider die zentralmittelalterlich

herrschende und kanonische Doktrin hinterfragt und mit
starken Zweifeln umsäumt wurde (s. K. Flasch, a.a.O.,
p. 90) und heute noch mehr oder weniger ungelöst dasteht
(wir kommen im folgenden Kapitel auf sie zurück):

Heil im Sinne der Wiederauferstehung, Erlösung (Red-
emptio) und Himmelsaufnahme widerfahre nach heuti-
gem Erkenntnisstand auf alle Fälle den Katzen, i. e. Haus-
katzen und ihren engen Verwandten; nämlich schon im
Sinne von Wiedergutmachung und Rehabilitation vor dem
peinigenden Hintergrund – wir streiften sie bereits –
ehemaliger Frevel an ihnen. Schwer hatten es die Katzen bis
hin zur Exkommunikation und Teufelsexstirpation (Exor-
zistik) praktisch das ganze Mittelalter hindurch und noch
mehr und weit in die sog. Neuzeit hinein. »Ab dem 12. Jahrhundert wird die Katze als Teufelstier Symbol der Ketzerei,
mit all den grausam ausgerotteten Sekten wie Waldenser,
Albigenser und Templer in Verbindung gebracht« (Gerd
Schmitt-Hausner, *Katzen*, Ein Kosmos Ratgeber, 1991,
p. 28 ff.), und zunehmend noch im 16. Jahrhundert wurden
Katzen und Hexen »fast ein Pseudonym« (gemeint vermutl.:
Synonym) und die Katzen ergo vice versa fast in jedem He-
xenprozeß »als Mitverschworene mitverurteilt und mitver-
brannt« (ebd.). Analog dazu wurden Katzen sehr häufig, als
Opfer der allgemeinen Frauenfeindlichkeit, mit Ehebreche-
rinnen gleich mitersäuft, in insbesondere Flandern bei be-
stimmten »Festen« von hohen Türmen geworfen oder auch
als Trinkwasserverderber partiell parallel zu den Juden abgeurteilt. 18 Spalten diesbetreffende Untaten finden sich darüber im berüchtigten *Handwörterbuch des deutschen Aberglaubens* und ähnliche für dieses Tier sehr verderbliche Schrullen mehr – all dies kaum haltbar und mehrteils nutzloser Aus-
fluß auch sonstigen mittelalterlichen Theologengezänks. Die
Auffassung jedenfalls, daß insbesondere schwarze Katzen

der Teufel selber (D. Morris, p. 142) oder zumindest boshafte Teufelsbuhlerinnen seien, läßt sich heute im wesentlichen nicht länger halten, sie ist seit spätestens Christian
Thomasius – ihm danken die Katzen viel, ja am meisten –
weitgehend zurückgewiesen, nachdem dieser deutsche Phi-
losoph und verdiente Aufklärer ihr 1694 scharf entgegenge-
treten war – auch Jean Bodin charakterisiert sie als Ammenmärchen und Ausgeburt »schamloser Schwindelhirne«.

Immerhin hatte etwa zur gleichen Zeit auch schon Swedenborg im genannten *Geistlichen Tagebuch* für ein fast
180-Grad-artiges Umdenken gesorgt, indem er nicht nur
mitteilte, daß vorzeitig zu Engeln herangereifte Kleinkinder
und andere »spirituell weniger entwickelte Wesen« im Drüben zuweilen gar »als Katzen erscheinen« (Lang/McDan-
nell, p. 260f.); womit einer grundsätzlichen Absolution,
genannter Redemption und auch der Levitation (meint:
Schwebebeginn im Sinne der christlichen Soteriologie) de
jure praktisch nichts mehr im Wege stand. Ja, die Katze,
noch kurz vorher dämonisiert und ganz besonders hastig
kondemniert, wurde halb expressis, halb impressis verbis
zum Vorreiter und zum Pionier animalischer Heilsmöglich-
keit schlechthin, zur Avantgarde des gesamten tierischen
Geschlechts – schon Swedenborg (a.a.O.) erlaubt ihnen
dann auch grundsätzlich den Aufenthalt im Himmel; denn
nur sie, so allerdings einschränkend der schwedische Mei-
sterdenker, können sich »in der göttlichen Sphäre aufhalten,
ohne Qualen zu erleiden« – es dachte also Swedenborg
offensichtlich durchaus an einen Platz nicht allein im Paradiesgarten, sondern im Empyreum, im Umfeld Gottes und
seiner als Quintessenz des reinen Lichts fast glühenden visio
pulchrissima.

Diese Linie der Katzenrehabilitation und -erhöhung setzen sodann konsequent fort vielgelesene viktorianische Ro-

manautorinnen wie Catharine Sedgwick (1789–1867) und vor allem Elizabeth Stuart Phelps, diese in ihrem seinerzeit gerngelesenen und in 180 000 Expl. verbreiteten Roman *The Gates Ajar* (1868), in welchem sie nicht nur insgesamt die vorher recht strengen Himmelsordnungen einigermaßen lockert, sondern sich ausdrücklich für die Zulassung von Klavieren und Katzen im Himmel einsetzt. Ein wohldurchdachter Plan, denn wie allgemein bekannt passen Klavier und Katze oft auch schon farblich gut zusammen – anders als Swedenborg besteht Mrs. Phelps allerdings darauf, daß Katzen, ihrem mehr profanen Charakter gemäß, nicht einmal »Selige«, also Mitglieder der unteren Himmelshierarchie, werden können; sondern offenbar in der sphärischen Archetypik Dantes u. v. a. lediglich Mitglieder jener Regionen der etwas gelockerten Sitten im eben doch nur bukolischen Paradiesgärtlein – man denke an jene arkadisch-laszivische Vision des Jüngsten Gerichts von William Blake (1757–1827), in welcher ein Mann sogar ganz gemütlich seine Hand auf das rundliche Hinterteil seiner Frau legt.

Ja, eine gewisse Weltlichkeit bis hin zur Mondänität ist der Katze natürlich auch im Jenseits kaum abzugewöhnen, eine eben doch mehr profane Hoheitlichkeit, die sie manchen dann als ein Wesen »eigentlich nicht auf unserem Stern« (Chales-de Beaulieu, p. 37) erscheinen läßt; und wie sie Sinnbild wurde in Marlen Haushofers Roman *Die Wand* (1963), wo eine Katze ausgerechnet und nicht zufällig auf einem Exemplar der Zeitschrift »Elegante Welt« Junge gebiert – und desgleichen möge die im selben und sehr empfehlenswerten Roman führend repräsentierte Kuh schon in Anbetracht ihrer besonders schweren Wehen in den Himmel kommen: weniger wegen der bekannten Kuhvergöttlichung der irrgläubigen Inder (Hinduismus), sondern auch deshalb, weil, wie erwähnt, bereits in der Genesistheorie der von Snorri Sturleson zusammengestellten nordischen Mythensammlung der »Jüngeren Edda« (ca. 1220) eine Kuh namens Audhumla es war, welche den Anfang des Weltalls machte (vgl. Steven Weinberg, *The First Three Minutes*, p. 13); und also auch rechtens wieder zum Anfang, zu Gott, zurückkehren möge.

Wobei wohl in der Folge dessen speziell die Alpenkuh von Alfred Brehm wie von Scheitlin als schon ganz besonders »geistig« taxiert wird ...

Wo aber genau sitzt Gott? Seit dem Buch Daniel (12,2–4) aus dem 2. Jahrhundert v. Chr. nimmt unser Auferstehungsglaube oft sieben, meist neun, jedenfalls eine Mehrzahl von Himmeln an; eine Confusio, welche sich mit Christi Erlösungstat zuerst sogar nur noch verschärfte. Denn unter »Himmel« verstand man nun zuvörderst das »Himmlische Jerusalem«, genannt auch das »Neue Jerusalem«, vorzustellen als eine mittelalterliche Stadt mit zwölf Türmen etwa nach Maßgabe von Verona oder auch Bellinzona (Lang/McDannell, p. 110 u. 113) und gemäß den bekannten Vorgaben der Johannes-Apokalypse; wobei die Grenzen zwischen einem innerweltlichen und einem außerweltlich-postmortalen und chiliastisch ätherisierten »Jerusalem« immer unklarer und verschwimmender und gewissermaßen chiastischer wurden und es zu einer immer ausgreifenderen Verwirrung um das himmlische oder das irdische, das schon auf Erden zu erstellende Paradies (Gottesreich, Syon) kam, siehe dazu den 2. Korintherbrief – bei gleichzeitiger theoretischer Elaboration von Abrahams Schoß als eines desultorischen Interregnums zwischen Exitus und Jüngstem Tag. Einigermaßen klärten sich die Dinge erst wieder im Hochmittelalter im Zuge einer in der Folge der Hildegard von Bingen, Mechthild, Dionysius Areopagita usw. erwirkten straffen Zweiteilung des Himmels in

a) eine Himmelsstadt als überwiegendem Wohnort der Trinität und ggf. der Gottesmutter Maria sowie

b) ein landschaftlich schönes und darunter gelegenes Paradies in neun konzentrischen Kreisen (s. ähnl. bei Dante) mit einem obersten, Caelum empyrium genannten Kreis als der Wohnstatt der Engel, der Erzengel und überhaupt der Seligen (siehe vorne) mit der Möglichkeit jener schon erwähnten visio beata Gottes (Trinität), welche allerdings wiederum dem limbus puerorum (Heim der ungetauften Kinder) leider vorenthalten ist.

Denker des 17. Jahrhunderts wie Thomas Browne, Richard Baxter und Joseph Hall präzisierten ergänzend dahin gehend, indem sie die Gewißheit äußerten, daß die himmlische Glückseligkeit allein von Gott ausgehe, nicht von den Geschöpfen, also weder von der Wiederbegegnung mit Blutsverwandten und Angeheirateten bzw. verstorbenen Verlobten noch gar mit Tieren – jenen also, welche im Paradies der Türken eine so beherrschende Rolle spielen. Andererseits ist die Lage heute so, daß nach den scheinbar klaren Dekreten Thomas' von Aquino wieder Bewegung in die Sache gekommen ist – und es stellt sich z. B. die ganz natürliche Frage, ob, wenn man Katzen generell das Himmelreich gewährt, man mit Raubkatzentieren und Katzenähnlichen entsprechend verfährt. Abzuraten ist hier von allzu generalisierenden Problemlösungen. Zwar spricht wenig z. B. gegen »fromme Löwen« (B. Kronauer, ·p. 200, in der geistesgeschichtlichen Folge von Goethes *Novelle*; auch erkennt ja die Johannes-Apokalypse u. a. einen Löwen); einiges aber gegen manche in Wildnis lebende Großkatzen. Obschon z. B. der Leopard wegen seiner dankenswerten Pavianjagd als Freund des Menschen (Sir Julian Huxley, p. 64) gilt, so ist ihm in der Regel doch der Himmelseinlaß zu verwehren, und zwar striktest. Denn mitnichten ist er deshalb

schon auch ein Freund Gottes und der siegenden Kraft
seiner katholischen Religionslehre. Sondern im Gegenteil.
Schon daß er – was alle Religionen und Gesetzbücher der
Welt einhellig verurteilen, ja der Verachtung aussetzen –
Gegner immer und jederzeit von hinten anfällt, um ihnen
ins Genick zu beißen, läßt den oftmals auch vermessen agie-
renden Leopard für den Himmel nicht erwünscht erschei-
nen – etwas anderes ist es wieder mit dem sanften Gepard.
Man wird – so wie es in der apokryphen mittelalterlichen
Morallehre die Unterscheidung nach sauberen, ziemlich un-

Tapir

Von seiner Friedsamkeit, Besinnlichkeit und Gestaltschönheit her
ein unstrittiger Himmelskandidat

sauberen und gänzlich schweinischen, ja säuischen Körper-
teilen gibt — hier am besten sukzessive von Fall zu Fall
separat und mit Bedacht zu entscheiden haben und sine ira
et affecto entscheiden müssen.

Nun könnte man über die Exkommunikation und in der
Folge die Himmelsaussperrung der wilden Großkatzen
vollkommen zufrieden sein, selbst derer, die, wie in Mozarts Oper, Musik zu schätzen wissen — : Wenn aber nach
Augustinus »die Auferstehungsleiber frei von jedem Fehl«
sind (*De civ. Dei* XXII,29), so waren es ja die der Katzen
und Großkatzen schon zu Lebzeiten, nämlich seit der »Sab-
batruhe des Gottesstaates« (gemeint: am siebten Schöp-
fungstag); so daß bei ihnen, glücklicher noch als beim Menschen, »fleischlicher und geistlicher Leib« (XXII,21) vollkommen eins zu werden vermögen resp. vermochten. Was
natürlich wieder stark für die Redemption und unverzügliche soteriologische Levitation z. B. auch des Panthers,
des Pumas und u. U. sogar des Tigers spräche, sobald der
Tod, dieser »Engel der letzten Stunde« (Jean Paul, *Sämmtl.
Werke*, 1840) an sie herantritt; halten wir hier vorderhand
fest:

Mit einer sicheren Aufnahme rechnen können außer Katze und Löwe auch der Stier und der Adler: haben doch lt.
Apokalypse des Johannes (4,1 ff.) eben die Genannten rund
um den Hl. Smaragdthron zu sitzen, neben den 24 Thronen
für die Ältesten und zwischen den sieben Feuerfackeln,
gleichfalls ewig brennend vor dem Thron, von dem seinerseits Blitze ausgehen; auf einem gläsernen Meer gleich
einem Kristall aber sitzen neben einem Menschen diese drei
Wesen, ein löwe-, ein stier- und ein adlerartiges, und alle
vier rufen Tag und Nacht in einem fort und ohne Unterlaß
»Heilig, heilig, heilig!« — und mithin gehören diese Tiere
auch sogar zum innersten Himmelskreis, und was ihre gat-

tungsmäßige Zulassung betrifft, kann man nur unter Garantie sagen: nihil obstat.

Erwähnt wird dann von Johannes auch noch, postiert zwischen Thron und Ältestensitzen, ein Lamm mit sieben Hörnern und sieben Augen; indessen Heinr. Jung-Stilling, anknüpfend an Johannes' Offenbarung und doch befremdlich abweichend von ihr, unter diesen vier Seraphen den zweiten Seraph ein »Kalb« sein läßt.

Nichts spricht überhaupt gegen grasfressende Tiere, die, wie im Falle des Schafs, ja sogar von dem Heiden Goethe (gegenüber J. P. Eckermann, 1823 ff.) als »fromm« ausgewiesen sind.

Genug, einen Sonderfall innerhalb der für das Himmelreich infragekommenden Tiere und Säugetiere stellt der ausschließlich auf Madagaskar lebende Katta aus der halbaffenartigen Gattung der Lemuren (Lemur catta) dar – prima facie wie das Inbild des noch dazu auf Bäumen lebenden Antichrist katexochen, und es wäre dieser Katta mithin ein nachgerade klassischer Fall für die christliche Verdammnis – allein, auffällig sind jedem unvoreingenommenen Betrachter alsbald die innigen, beharrlichen, gleichwie schmachtenden Blicke, welche die Katta-Lemuren, zumal im Verband auf Ästen sitzend und die langen flauschigen Schwänze zärtlich und wie ein gemeinsames Mantelpanier umeinander geringelt, oft stundenlang nach oben werfen, ehe sie dann wieder, sich kuschelnd wie Menschen am Stammtisch, diese ihre großen buschigen Schwänze ein wenig lecken –

– ja, alle Mann starren sie da fast inbrünstig nach oben, als ob dort was zu sehen wäre, ja, als ob sie dort – Gott sähen oder immerhin: erahnten; nein, es ist dies nicht lediglich die heidnische Sonne (Sol, Osiris usw.), die sie da wegen der wünschenswerten Wärme suchen, nein, sie schauen ja auch in der Dämmerung zielstrebig und unentwegt und annähernd unbewegt hoch –

– jawohl, und in der Tat hat uns unsere Beobachtung nicht getrogen, in der Tat handelt es sich hier im animalischen Bereich um den fast wohl einzigartigen Fall dessen, was wir im humanen in der Regel die christliche Begierdetaufe nennen; um eben das also, was, laut päpstlichen Dekreten, auch jeden Neger, Indianer usw. erlösen i. e. in den christlichen Himmel vorzulassen vermag, auch wenn er den christlichen Gott sei es des Alten (Sebaoth), sei es des Neuen Testaments (Trinität) gar nicht kennt – sich unbewußt (Papst Leo usf.) aber durch sehr lange Blicke in den Himmel nach ihm sehnt.

Doch, immer wieder werfen sie gleichsam gottesfürchtige, aber auch innige Blicke nach oben, da drunten in ihrem Süd-Madagaskar und weit weg vom christlichen Abendland, weit weg sogar vom bereits missionierten Zentralafrika – und dabei schauen die meisten der anderen Lemuren, v. a. die Mausmakis, die Mongoze, die Wieselmakis und die Indis ja wirklich aus wie altrömische Geister, ja typisch heidnische Untote (theol. sog. Zombies), und ihre umeinander geringelten Schwänze (»Schwanzfixierung«) erweisen sie ja auch scheint's tatsächlich als offensichtlich minderwertige und ausschließlich hedonistisch orientierte Urwaldnärrchen – allein, der Katta mit seinem gottesbegehrlichen Blick fällt aus der Reihe. Und vielleicht sollte man also wirklich nur ihn reinlassen. Zumal, anders als der hochintelligente Klammeraffe, welcher seinen Schwanz nur zu spielerischen Zwecken um allerlei Stangen ründet, er, der Katta, den seinen, wenn er ihn nicht doch zu Gruppensexualitätszwecken umeinanderschlingt, zusammen mit seinen Blicken oft und oft nach oben (wie eine Katze auch) hochrichtet, auch so noch einmal weisend und deutend auf seinen ihm erwünschten Gott.

Gleichfalls in den Himmel soll, ja muß aus schieren Analogiegründen der überaus gesellige und hübsche und mit einem kattaähnlichen, zudem aber zebragestreiften buschigten Schwanz ausgestattete Nasenbär; wobei dieser Schwanz oder auch Schweif fast immer und dabei allerdings an der Spitze leicht eingerollt noch deutlicher als der des Katta-Lemuren steil in den Himmel ragt (das zuständige F. A. Z.-Foto von Carl-Albrecht von Treuenfels zeigt es ausgezeichnet); ein zugegeben beschränktes Maß an Religiosität, welches aber doch bei einigem guten Willen stark an das Ragen der mittelalterlichen Dome erinnert – vor allem der ja gleichfalls zebragestreiften in Oberitalien – und das jedenfalls diesen Kleinbären (Coati) und seinen noch kleineren Verwandten, Nasua nelsoni (Nelsons Nasenbär), sowie den gleichfalls erwünschten Bergnasenbären (Nasuella olivacea) vor vielen anderen Säugetieren auszeichnet, ja exzellieren läßt. Entsprechend stolz werden umgekehrt diese herrlichen Schwänze bis zu 70 Zentimeter hochgerollt und emporgehalten.

Auf das Zebra selber kommen wir zurück.

Insgesamt, wir erwähnten es längst, aber ist die Lage selbst der besten und bestorganisierten Säuge- und Wirbeltiere heute noch gänzlich unbefriedigend. Überhaupt kein Tier zeigt und offenbart z. B. der Himmel des berühmten Malers Raffael (»La disputa del sacramento«), keins zu erspähen ist bei den allermeisten seiner Kollegen: Weder bei den Alten wie Luca Signorelli oder Giovanni di Paolo oder Fra Angelico noch auch bei P. P. Rubens finden sich Tiere in ihre Himmelsbilder hineingemalt und geduldet – aber auch nicht bei den Modernen wie William Blake, obschon gerade bei ihm die »Zusammenführung einer Familie im Himmel« thematisiert und unstreitig angestrebt wird. Ja, nicht einmal halbwegs geklärt ist die Situation selbst bei

Faunaffe und Kapuziner
Nicht einheitlich zu lösen ist die Frage bei den Primaten und
insbesondere Anthropomorphen

den Hominiden, den menschenähnlichsten Affen; zumal
(AP-Bericht vom 22. 9. 94) der kürzliche Fund eines offenbar besonders affenartigen, circa 4,4 Millionen Jahre alten
»Australopithecus ramidus« in der äthiopischen Wüste nach
der Auswertung der angesehenen in New York erscheinenden Fachzeitschrift *Nature* die einst von Ch. Darwin aufge-
zeigten Übergangslinien Mensch–Affe, indem sie diese in
immer fernere Vorzeit tauchen, nur noch verschwimmen
macht. Scheint es sich bei diesem Australopithecus (Oldo-
way) von Addis Abeba um ein schon ganz besonders schim-
pansenartiges Lebewesen zu handeln, so dürften der Schim-

panse und evtl. noch der Gorilla schon wegen ihrer evoluti-
onsgeschichtlichen Menschenaffinität bei guter Führung,
d. h. nach den gleichen strengen Auflagen wie der moralische Mensch, Erlösung erlangen. Es ist allerdings nicht daran zu denken, daß Gott dann auch gleich noch beim Mantel-
pavian, beim Bärenmakak, beim Magot oder gar beim gar
zu ulkigen Nasenaffen Nachsicht zeigt und Einlaß gewährt
– grundsätzlich läßt sich sagen: Soweit Affen oder Äffchen
eindeutig feststellbar der gebotenen Nächstenliebe (Kompassion, Empathie, Misericordia usw.) nachkommen, finden sie in jedem Falle Eingang und Aufnahme, zumal dann,
wenn sie, wie von Jane Goodall im Fall einer Schimpansin
beobachtet, sich um Kranke und Sterbende kümmern; nach
durchgehender Auffassung mittelalterlicher Soteriologie
die zentrale paradiesverheißende Tugend, der entscheidende
Himmelsschlüssel überhaupt; gleichgültig, ob nun Gottvater allein oder im Sinne der Trinitätslehre Augustins und
ihrer gegen den Arianismus gerichteten Fortentwicklung
durch Alkuin, Isidor von Sevilla oder auch schon Boethius
(»Gott Vater ist Gott, der Sohn ist Gott, der Hl. Geist ist
Gott, diese Dreieinigkeit ist Gott« – eben diese Dreifaltigkeit als eine), wie das gleichfalls aus drei Richtern sich
konstituierende Bundesverfassungsgericht als eine ganz besonders irrtumslose, wenn auch vor allem in literarischen
Belangen nicht immer sehr befugte Instanz die letzte Entscheidung trifft – : eine endlich und im Grunde reichlich
müßige und rein wissenschaftstheoretisch-spekulative Frage, die vor allem den der Erlösung harrenden und z. T.
sogar entgegenfiebernden Tieren keinen Deut weiterhilft.

Nicht ohne weiteres in den Himmel darf jedenfalls der
allzu schläfrige (bis zu 11 Monaten per annum – Weltrekord
im Tierreich!) Bilch, i. e. Siebenschläfer; der Riesennager
Nutria, der auch sonst nichts Gutes im Schild zu führen

scheint; sowie auch die im Südosten der Vereinigten Staaten
von Amerika aufhältige Geierschildkröte (Alligator Snapp-
ing Turtle) trotz ihrer vorbildlich ruhigen und friedsamen
Gesinnung: Als Ansitzjäger von großer Ausdauer bewegt
sie sich so gut wie nie. Sondern der Fisch schwimmt ihr direkt ins Maul. Auf die Frage der Fische selber kommen wir
beizeiten zurück, desgleichen auf die noch viel diffizilere der
Insekten und der Vögel – hier nur so viel: Wenn der Hl. Augustinus in seinem bewunderungswürdigen Hauptwerk *De
civitate Dei* sich zu Recht die Frage stellt, wie es wohl komme, daß wir, die Menschen, uns später mal im Himmel vo-
gelgleich in der freien Luft halten können, ohne herunterzu-
fallen, und dies in aller Ewigkeit, dann – verwundert es nur
abermals um so mehr, daß er die Vogelfrage selber ausklam-
mert, und dies trotz des ihm geläufigen Hinweises der Jo-
hannes-Apokalpyse auf den rund um Gottes Smaragdthron
sitzenden Adler; und dies, obwohl der bekannte Patriarch
und Kirchenlehrer ansonsten sogar Zeit findet, sich über die
Auferstehung früh verewigter Kleinkinder und Babys Gedanken zu machen und überhaupt äußerst selbstzufrieden
auf sein »umfangreiches Werk« (XXII,30) zurückschaut.
Wir meinen: nicht durchaus zu Recht. So manches ist reichlich unbedacht, ja unbedarft.

Laut Raymond Moody (a.a.O.) erweckt insbesondere das
Erlebnis der Todesnähe den Wunsch nach einem eingehen-
deren Wissen über das Leben nach dem Tode oder auch das
Leben der Toten – im Falle der toten und verstorbenen Tiere
läßt sich heute generell sagen, daß mit Sicherheit der Biber
(Castor Fiber, C. communis) als das neben dem Schimpansen menschennächste, nämlich als Architekt seine Umwelt
schöpferisch verändernde – ein singulärer Fall in der Tierwelt – Lebewesen unter allen Umständen nicht anders als
der Mensch der himmlischen Erlösung teilhaftig wird; trotz

seiner etwas odiosen, nämlich der recht vorweltlichen Legende nach sagenhaften Geschlechtskraft und also todsün-
denmäßige Unkeuschheit verheißenden, bis zu 30 Zentimeter langen und recht breiten Schwanzes; trotz auch der
von Alfred Brehm (*Das Leben der Tiere*, neu bearbeitet von
Fritz Bley; Die Säugetiere, p. 291) etwas getadelten »wulsti-
gen Flügel« seiner Nasenlöcher; trotz auch seiner weltbe-
kannten und hemmungslosen Nage- und Baumfälleiden-
schaft, die notfalls nicht einmal vor hölzernen Kirchen
zurückschreckt. Insgesamt aber scheint der Biber, das kon-
zidiert auch Brehm, ein gutmütiger und rechtschaffener und
ausgesucht tapferer Flußanrainer, der auch in höchster Not
die Stellung hält – und als eines der reinlichsten Tiere auch
Gott recht gefallen dürfte: In seinen kunstvoll errichteten
Wohnbauten findet sich neben dem Schlafzimmer und dem
Kinderzimmer oft auch eine Art Badekammer im Atrium
mit direktem Auslauf zum Fluß – ja, wer weiß, ob die Dreieinigkeit nicht dereinst auf das architektonische Ingenium
des Bibers sogar lieber zurückgreift als auf das des Menschen. Wir sagen nur: Postmoderne. Was ein Quatsch.

Während der Marder (sog. Bismarckratz) sich hin und
wieder dazu aufwirft, den Menschen zu narren, sonst aber
gleichfalls kein unebener Charakter ist und deshalb zumindest in die unteren Himmelskreise der einfachen Gottselig-
keit vordringen sollte, verfolgt den Igel (Erinaceus euro-
paeus) seit grauer Vorzeit ein Doppelschicksal in Gestalt
einer paradox doppelten Legende: Einerseits wird er zuweilen fast wie ein Realsymbol für Gott oder jedenfalls Gottes Sohn behandelt (vgl. Eckhard Henscheid, *Die Mätresse
des Bischofs*, Schlußkapitel, p. 569); andererseits sogar vom
nämlichen Autor als der Teufel persönlich (*Pegnitzsagen*,
p. 15). Beides, so gutgemeint es ist, hat sich längst als
grundfalsch erwiesen. In Wirklichkeit ist der Igel nichts an-

deres als ein nützliches, trotz seiner Stacheln überaus anmutiges, dem Menschen recht wohlgesonnenes Lebewesen, ein auch von Alfred Brehm geschätzter »gemütlicher, ehrlicher, treuherziger Gesell« (a.a.O., p. 267) – halt unser »Geliebtes Stacheltier« (so der Titel eines von Dr. Walter und Christl Poduschka verfaßten, zur Gänze empfehlenswerten Igel-Buchs, Hannover: Landbuchverlag, 3. Aufl. 1972) – nichts ist im Grunde nachgewiesen von einer besonders religiösen oder konträr areligiösen Sondernatur des Igels; das angeblich »Mystisch-Mysteriöse des Igelwesens, sein Irisierend-Oszillierendes«, das Eckhard Henscheid (»Der Igel in der Weltliteratur«, *Rheinischer Merkur*, 21. 3. 1975) nachweisen möchte, indem er es insbesondere aus Fjodor Michailowitsch Dostojewskijs Roman *Der Idiot* unbedingt herauslesen will, wo nämlich in Kap. IV,5 ein Igel angeblich ebenso unwiderstehlich wie inkommensurabel in die Liebestragödie zwischen dem Fürsten Myschkin und Lisaweta Prokofjewna eingreift: »Ihre Unruhe hatte ihren Gipfel erreicht, die Hauptursache alles dessen war aber dieser Igel. Was bedeutete der Igel? Was war das für ein Übereinkommen? Was sollte damit angedeutet werden?« (F. M. Dostojewskij, a.a.O.) –

– all dies, diese ihrerseits Mystifizierung eines angeblich Mystischen hat im Sinne der Igelerlösung wenig auf sich. In Wahrheit ist der Igel, wie gezeigt, ein gerader und aufrechter Bursche, sein kleiner Betrug beim Wettlauf gegen den Hasen zählt auch bei strengster christlicher Auslegung zu den allenfalls läßlichen Sünden, die der Igel seit 50 Mio. Jahren allein durch seinen erquickenden Anblick (gerade für ältere und vereinsamte Menschen!) aber auch locker kompensiert und sich in der Nähe des Menschen überhaupt swinegelwohl fühlt (vgl. auch den ausgezeichneten Igel-Report des schon in anderem Zusammenhang thematisierten Carl-

Albrecht von Treuenfels in der angesehenen *Zeit* vom
1. 11. 1985) und zumeist eine irdische Geheckzahl von 4,
5 Kindern zusammenbringt – nein, weißgott, niemand
möchte den Igel im Himmel missen, jawohl, Gott weiß es
und wird sich in diesem Fall gewiß nach unseren ja auch
nicht unstatthaften Wünschen richten.

Ein Problem ist es nur mit den alten und zudem störrisch
gewordenen Igeln. Sie zwicken und zwacken mit ihren Stacheln jetzt praktisch alles und sind wie aufgestachelt nicht
mehr zu bremsen – wäre Gott nur willens, in seinem Reich
für etwas mehr Disziplin zu sorgen, er täte zuvörderst gut
daran, gerade ihnen, den Altigeln, zuweilen ein bißchen das
Handwerk zu legen oder sie vorübergehend ins Purgatorium strafzuversetzen –

– laut St. Antonius von Padua das Paradies betreten aber
dürfen außerdem u. a. auch die Taube von Belkis, der Ham-
mel von Ismael, der Esel der Königin von Saba, der Wal-
fisch des Jonas usw., insgesamt zehn Stück, aber das hilft
uns hier theoretisch natürlich auch nicht recht viel weiter
im Sinne grundsätzlicher und verbindlicher Normen. Insgesamt scheinen sowohl Antonius von Padua als auch der
Hl. Franz von Assisi je bei ihren Predigtversuchen mit
Fischen bzw. Vögeln keine allzu guten Erfahrungen gemacht zu haben; aber dies reicht als judikatives Essential
noch nicht aus. Der von Goethe (*Gespräche mit Eckermann*)
verwundert bewunderte Kuckuck jedenfalls wäre trotz seiner paradiesischen und insgesamt »inkommensurablen«
(Goethe) Natur durchaus ein Kandidat für die wohl selek-
tive Vogelsektion, ja gerade wegen seiner auch noch in der
Ewigkeit studierenswerten ornithologischen Besonderhei-
ten, sofern man unseren gottgewirkten Glauben und unsere
Kraftbeweise für ein so regsames wie sattsames Fortleben
nicht als Irrwahn theologiedurchseuchter Kleinhirne im

Grunde barbarischer Schrumpfexistenzen abzutun sich genötigt sieht oder jedenfalls mehr oder weniger von Herzen geneigt ist.

Und selbstverständlich gilt dies noch inständiger für unsere geliebten Zaunkönige. Denn: »Wer das hört und nicht an Gott glaubt, dem helfen nicht Moses und die Propheten« (Goethe zu Eckermann, ebd.).

Was aber jenen angeht, der uns noch ungleich näher steht als Kuckuck und Zaunkönig, der Hund also im Zuge seiner Großfamilie der Hunde (Canidae), so wäre, ob diese nun mehr vom Schakal (Canis aureus, auch Canis barbarus, indicus, micrurus usw.) abstammen oder mehr vom grimmigen und sehr gefährlichen Wolf (Canis lupus, Lupus vulgaris, silvestris usf.) herrühren, heute dringlich geltend zu machen und im Sinne einer ewigen Seligkeit ins Schild – corr. adhoc: ins Feld zu führen, daß, ganz analog zur frühneuzeitlichen Katze und ihrem Hexenodium, auch im Falle des Hundes Rehabilitation und Wiedergutmachung mehr als angezeigt seien kraft einer so symbolischen wie realen Ehrenerklärung inklusive Paradieseinweisung: War doch der noch Goethe für seinen *Faust* inspirierende Pudel des Magiers und Hexenverteidigers Agrippa von Nettesheim (gest. 1535), des Verfassers der berühmten und gegen den längst beschwerlich gewordenen *Hexenhammer* von 1485 gerichteten Schrift *De occulta philosophia* von 1510, der seinerzeitigen Legende, ja üblen Nachrede zuwider keineswegs der Teufel oder jedenfalls »Dämon«, sondern »ein rechter, wahrhaftiger, natürlicher Hund« (J. Weyer, *De praestigis Daemonum*, 1563) – ja, leider noch Goethe selbst perpetuierte nolens volens permutativ diesen von daher rührenden Mythosbrei einer Engführung von Hund u. Teufel alias Mephistopheles – und es wäre eigentlich rechtens der Papst selber heute aufgerufen, durch eine Enzyklika oder sonstwie

ex cathedra dem Hund Abbitte zu leisten und seine grundsätzliche Kanonisierung oder doch Beatifikation in die Wege
zu leiten – gerade Johannes Paul II., nachdem er vor einiger
Zeit mutig Galileo Galilei rehabilitiert und dessen Erdum-
drehungserkenntnisse anerkannt, könnte abermals sich auf-
schwingen und jetzt auch den Hund und in einem Aufwasch
den gleichfalls und nicht nur durch die Brüder Grimm gegen jede angemessene Vernunft dämonisierten Wolf (Ise-
grim) salvieren und ihm das Vertrauen aussprechen – derart
seinem gesegneten Pontifikat einen beachtlichen Schluß-
und theologischen Meilenstein auch setzend.

Und es schadet andererseits in der Folge dem feindlichen
Buddhismus und seinen allerdings ohnehin »falschen Leh-
ren« (K. Wojtyla, 1995) keineswegs, hierin dem fortschrittlichen Christentum zu folgen. Auch im fernen Osten hat
man jahrtausendealte Schuld am Hunde abzubitten und
wiedergutzumachen; erkennbare Schuld, nachprüfbar etwa
am 1. Buche Koan Mu, in dem da also der Mönch frägt, ob
der Hund Buddha-Natur habe, der Meister aber antwortet
und entgegnet: Mu = nichts. Daß er, mit anderen Worten,
also nicht himmelsfähig sei (Koan, *Rätselworte für Zenbud-
dhisten*). Wir meinen: Auch Indien, wie Rom, müßte eigentlich von Rechts wegen wissen, was es zu tun hat. Kuh hin,
Kuh her. Was aber den vorhin kurz tangierten Igel anlangt,
so wäre hier ergänzend anzuführen und mitzuteilen, daß
dieser auch bei den uns soeben schon flüchtig begegneten
Brüdern Grimm eine Sonderrolle einnimmt; nämlich, noch
weit über seinen Wettlauf mit dem Hasen hinaus, als das sogar menschenähnlichste Tier ästimiert, ja gefeiert wird;
nämlich in der hierin maßstabsetzenden Märchenerzählung
Hans mein Igel, wo also ein Menschenehepaar nach langem
Bemühen einen Igel zeugt und auf die Welt befördert, der es
aber dann doch zu Ruhm und Achtung bringt und gar noch

zur schließlichen Menschengestalt, dergestalt noch einmal das von uns vorne schon angerissene Motiv des Puppenhaften, ja Homunculeischen des Proto- und Idealtypus Igel andeutend, ja beschwörend. Und man wird also, nochmals, gut daran tun, den Igel tunlichst mit in den Himmel zu lassen und ihm keine weiteren Widerstände entgegenzusetzen. Auch wenn der Igel jetzt neuerdings als Emblem für die Bundeswehr mißbraucht wird.

Nicht Zulaß gewähren möge man dagegen dem verwandten, in der Sahara wohnhaften und sehr tapferen Wüstenigel, der aber einfach zu mausähnlich aussieht. Und gerade die seheinbar so brave Erdmaus ist ja in Wahrheit besessen von Sexualität und schon »barbarischer Mordlust« (Dröscher, p. 172). Woraus sich ja auch bereits inkludent ein grundsätzlicher Ausschluß der Maus, sei's Haus-, sei's auch Feldmaus, ergibt. Sie ist auch einfach zu klcin. Und letztlich zutiefst areligiös. Auch wenn sie Gott in der Gestalt der Katze sehr fürchtet. Diese aber eben doch mehr für den Teufel hält. Woraus sich der vorne skizzierte falsche Zirkelschluß, die Schraube eins weitergedreht, ja erneut ergäbe. Womit die Katze ja nur erneut im Zwielicht stünde. Nein, »wat mut, dat mut« (B. Engholm), aber was nicht sein kann, kann nicht sein. Maus und Katze zusammen geht nicht. Tut uns leid. Die Maus würde die Katze ja auch zu sehr von der wünschenswerten visio pulchra ablenken. Fini. Schluß der Diskussion.

Gut, sehr gut sind dagegen nach heutiger Lage der Dinge die Aussichten des in 4300 bis 6100 (!) Meter Höhe im Himalajagebirge lebenden Bos grunniens (»Wildyak«), den Himmel zu erreichen, nämlich wenn er schon so eine »frappante« (K. Valentin) Höhe gewöhnt ist, dann ist er natürlich am besten geeignet, gleich im ew'gen Strahlenmeer zu leben und weiterzumachen. Außerdem ist dieser nur noch in wenigen Expl. erhaltene dunkelbepelzte und pummelige und riesige sog. Grunzochse einfach zu niedlich, als daß er »außen vor« (Bj. Engholm) bleiben sollte, ja dürfte. Nicht schlecht sind derzeit auch die Chancen des Büffels, des Bisons, des Gnus (Bos Gnu) sowie des Wasser- und des Kaffernbüffels (Bos caffer, auch Bubalos brachyceros, pumilus), z. T. aus verwandten Gründen der netten brachialen Pummeligkeit und »Anständigkeit« (K. Rahner, zit. nach L. Rinser) in jedem Betracht; z. T. im Sinne auch allgemeiner »soteriologisch-christologischer« (Hans Küng, *Das Christentum*, München 1994) Aussagen vor dem Hinter-

Dauw

So nützlich auf Erden das Pferd und die Pferdeartigen – die Frage stellt sich entschieden, was sie im Paradies vermögen

grund des neueren Paradigmenwechsels und der notwendig
gewordenen Kuhnrezeption als einer »differenzierten plura-
listisch-holistischen Synthese« (ebd.) auch und vornehmlich im dringlichen Kontext eines durch das anstehende
»Projekt Weltethos« erneuerten, ja neu noch zu exploitie-
renden soteriologischen Postulats mit allem Drum und
Dran und mit dem alles durchdringenden Parameter einer
»planetarischen Bewußtseinsänderung« (vgl. Michael Mox-
ters hochdifferenzierte Rezension, vulgo den Knallverriß
des neuerlichen Küngschen Supersellers in der F. A. Z. vom
17. 11. 94; der Tag zuvor, der Buß- und Bettag, wäre natürlich noch paradigmatischer gewesen; aber da erschien keine
Zeitung; und deshalb wird er jetzt auch nach dem Willen
der fünf Herausgeber und im Sinne des alten Konkordats
abgeschafft).

Mit Gewißheit und vordringlich den Himmel erreichen
sollen die aus der allg. Literatur bekannten besonders tapferen Tiere: also etwa Heinrich v. Kleists außerordentlich
heroisch mutterliebende Bärin; M. v. Ebner-Eschenbachs
verhungerter und elendig erfrorener Jagdhund Krambam-
buli von 1883 sowie sein russischer Kollege, der blinde Ark-
tur von Juri Kasakow; ferner der von A. Schopenhauer (*Über
die Grundlagen der Moral*) im Gefolge von Wilhelm Harris berichtete und durch den plötzlichen Tod der Frau Mutter
gänzlich verlassene und allein zurückgelassene Kleine Elefant (wir kommen auf ihn in unserem Schlußexkurs genauer
zurück) – diesen und anderen soll zumindest im Nachgang
ihre Tapferkeit vergolten und ausgezeichnet und ihre z. T.
sehr grimmen Schmerzen doch zum Wohle werden und gereichen. Hingegen sollen Tiere, welche sich, wie z. B. bei
Arthur Machen (*The Terror: A Fantasy*, 1917) voll Hoffart
gegen den Menschen erheben und so die gottgewollt natürliche und wohlbedachte Ordnung Herr/Knecht im Sinne

G. W. F. Hegels durcheinanderbringen, unverzüglich ins tiefste Inferno versenkt werden. Allen voran (a.a.O., p. 122) die Motten.

Tunlich und dienlich ist es, den Elefanten als das »intelligenteste Tier der Welt« (Susan Williams, 1962), ja als das »größte Meisterwerk der Natur« (John Donne, *Progress of the Sun* XXXIX) insgesamt und weit über das Schopenhauer-Exemplar hinaus zu berücksichtigen und ihm Einlaß zu gewähren, so schwer dem einen oder anderen die Vorstellung von der Levitation gerade dieses Tiers mitunter fallen mag. Allein, nicht nur ist die strukturelle moralische Verwandtschaft Mensch–Elefant von alters her Gemeingut (Cicero, *Ad familiares* VII,1,3); nicht allein rühmt Oliver Goldsmith schon 1759 an ihm: »In Freiheit ist der Elefant Bürger so wie der Biber Architekt« (s. dort); nicht allein kennt schon der unbekannte Verfasser des alten *Physiologus* (ca. 2. Jh.) an diesem »Tier im Gebirge« die weit übers Bürgerliche hinausgehende geradezu göttliche Fähigkeit, nächtens im Stehen und nur leicht »angelehnt an schräggeneigte Bäume« zu schlafen; nein, selbstverständlich muß der Elefant, auch wenn die Platzfrage dann bedrohlich werden könnte, schon deshalb in den Himmel, weil er, ganz anders als z. B. der boshafte Hyänenhund Lycaon pictus, das, wie fast sämtliche Zeugen berichten (besonders empfehlenswert: die Bild- und Stimmensammlung von Heathcote Williams, *Sacred Elephant*, 1989; dt. 1991), das honetteste, das »keuscheste« und überhaupt das tiefstfühlende aller – aller! – Lebewesen ist und dabei sogar ein (wie schon Herodot wußte) richtiges Bestattungszeremoniell, eine Begräbnistechnik mittels der Leichenbedeckung durch Zweige und Grasbüschel (Zeugnis: Sylvia K. Sikes) entwickelt hat, bei dieser »Totenbeschwörung« (Dröscher, p. 44) laut Georg Adamson sogar »feierliche Andacht« zeigt und darüber hinaus etwas ersann, worauf nicht einmal der Mensch kam: Bullen versuchen oft in ihrer Verzweiflung sterbende Kühe noch einmal zu besteigen und zu begatten – »eine wundervolle Geste der Auflehnung gegen den Tod« (Williams, p. 116). Andererseits gehört der Elefant auch selbstverständlich schon aus dem alleiniglichen Grund in den Himmel, daß er, wie Cummings, Sikes, Sanderson, Raven, Evans und Ch. Darwin in Konkordanz berichten, wie wir weinen und dabei dicke, mächtige Tränen kullern lassen kann; daß, überwältigt vom Kummer, »der massive Körper von herzzerreißendem Schluchzen geschüttelt wird« (Ivan T. Sanderson, *The Dynasty of Abu: A History and Natural History of the Elephants and their Relatives*, London 1962). Natürlich, schon deshalb verdient er Gottes besondere Zuwendung, soll und muß er mit uns in den Himmel, auf daß er getröstet werde; wenn dort auch, wie Sanderson zu bedenken gibt, in eine »besondere Nische«. Denn, es sei dies nicht unterschlagen: zuweilen bemächtigt sich des Elefanten, wie man weiß, auch eine schon ganz tolle vogelwilde Wut und unbändige Emotionsgeladenheit, und dann gnade Gott, wenn er ihm über den Weg kommt, da ist der Teufel los! Nicht immer ist der Elefant friedlich und »humorvoll« (Cynthia Moss) und harmonisch gelaunt, nein, es scheint auch mehr eine Art Pantheismus, dem er da versonnen blätter- und baumrindenfressend anhängt und mit dem er da laut Plinius d. Ä. »Sonne und Sterne anbetet« und kraft dessen er sich zuweilen wohl auch schwärmerisch mit seinem Zoowärter verheiratet wähnt – was aber schließlich und endlich und letztlich sehr und durchschlagend für die Himmels-Elevation des Elefanten spricht und ihm definitiv zum Heil gereichen wolle: Wenn einer (lt. Guy Dollman, *Journal of the Bombay Natural History Society*, 1937, p. 619) schon bis zu 170 (!!) Jahre alt werden kann, da kommt es dann auch nicht mehr drauf an.

Religiöse Grundimpulse nachweisbar sind auch beim Elefanten des Meeres, wie er zuweilen launig genannt wird: Wenn Wale sterben, dann heben sie, so ältere Zeugen (ZDF, 1. 5. 93), oft den Kopf aus dem Wasser, immer Richtung Sonne – auch Wale sind also, wiederum mehr dem Katta ähnlich, zumindest pantheistisch religiös. Und sollen deshalb also in die Hölle. Berichtige: in den Himmel. Zumal sie ja auch noch zur Ehre Gottes so schön zu singen vermögen (*Gesang der Buckelwale*, Zweitausendeins). Zu singen, daß der Himmel wackelt. Ein bißchen agogisch zwar, aber immer grave, largo e mesto. Zwar gänzlich senza eleganzia, aber dafür sehr espressivo, ja vollrohr con molta espressione. Daß Gott die Engel singen hört.

Und deshalb sollen sie also vielleicht doch besser dann (vgl. auch Joan McIntyre, *Mind in the Waters. A Book to Celebrate the Consciousness of Whales and Dolphins*, 1974) zusammen mit diesen recht unterhaltsamen Delphinen nur in den Limbus. Oder eben auch in große Nischen. In eine Großmonas in der Beteigeuzeregion z. B. Und allerdings ohne visio beatissima. Aber mit gutem Sonnenblick.

Beglückwünschen darf sich auch der Bär, obschon er eigentlich nichts mitbringt als sein gutes Aussehen und obwohl sein Riesenhunger (bis zu 62 Lachse am Tag) und sein fast noch riesigerer »unbändiger Liebesdrang« (Vitus B. Dröscher in der *Bunten*, o. J.) im strukturalistischen Sinn eher, ja exklusiv eudämonisch d. h. hedonistisch-heidnisch sind. Aber vor allem die Bärenjungen sind einfach zu herzig und niedlich, als daß man sie im Himmel entbehren könnte, bei einer Ewigkeit lang Unterhaltungsbedarf will auch von seiten der Trinität geziemend vorgesorgt sein. Wohingegen Frösche, gleichviel ob solche südostasiatischen, welche von Gott sogar zum Gleitflug befähigt wurden, triftig in toto ausgeschlossen sein resp. ggf. religiert werden sollen. Glei-

ches gilt für Fledermäuse, Anakondas, Echsen, Pelzflatterer
und überhaupt fast alles Getier. Und vor allem für Kröten,
Unken, Fliegen und Frösche. Sowie für gottlose Parasiten
wie Egel und Zecken. Und wie gesagt: Frösche. Nein, der
saudumme Frosch darf natürlich nicht hinein in den Himmel, ha, selbst wenn er hochspringen möchte, wenigstens
in den untersten Himmelskreis. Nein, er soll und er darf
nicht, schon wegen nachgewiesener Hirnlosigkeit, jedoch
auch wg. seiner vollends unerträglichen Sexualpraktiken;
aus dem nämlichen Grund auch nicht die voller schwelgeri-
scher luxuria dahinlebende und multifunktionell (Penetra-
tion und simultane Penetrationsakzeptanz als eine Art am-
bidialektische unio debilia) allzu geile, oberaffenbibergeile
Schnecke. Avanti ad Satanam!

Hühner? Nein. Zwar vermögen sie zu Recht ihre heute
oft unerträglichen irdischen Leiden ins Feld zu führen
(Dieter E. Zimmer, *Hühner – Tiere oder Eiweißmaschinen*,
Hamburg, Mai 1983), und diese in einem tierquälerischen
Maße, dem kaum sonst ein anderes Tier ausgesetzt sich
sieht. Allein das »irgendwie lächerliche« (a.a.O.) Aussehen
dieser Tiere verhindert doch eine ernstlich zu erwägende
Assumption und Gottgeeignetheit, vergessen wir auch
nicht die durchaus im Sinne der tückischen Cholesterinwer-
te unverantwortliche ununterbrochene, wie hirnlos fernge-
steuerte Eierproduktion dieser Tiere. Nein, innerhalb der
Vögelwelt sollte man tunlichst lediglich Ausnahmen in Betracht ziehen, so etwa, als solitäres Einzelwesen, das von
Konrad Lorenz beschriebene Graugänschen Martina, dessen
staunliche und mit dem Lorenzschen Terminus »Prägung«
bezeichnete Menschenanhänglichkeit (K. Lorenz, *Das Jahr
der Graugans*, München 1979) ja auch auf eine gewisse allg.
Gottfähigkeit rückschließen läßt – während man die unver-
kennbare Putzsucht der Mutter Alma wie bei der Katze so

auch bei der Graugans ja zur Not als ein leicht barockes Element der Gottesverherrlichung auslegen könnte. Zumal Graugans-Ehepaare, wie man liest (Grzimek, Dröscher, Lorenz voll d'accord), sich durch vorbildliche Treue auszeichnen und empfehlen.

Zu Gottes Zier gereicht aber in noch ungleich erheblicherem, selbst fast die Katze übertreffendem Maße die Schönheit unseres heimischen Fuchses, wie sie etwa in Günther Schumanns führendem Standardwerk *Mein Jahr mit den Füchsen* (Wartberg Verlag 1992; »Meiner Frau Waltraud gewidmet«) Foto für Foto zu Bild und Inbild wird; hier vor allem in Gestalt der herrlichen Füchsin Felline und in dem unwiderstehlich treuherzigen Blick ihrer Tochter Paulinchen. Dabei akzentuiert Schumann (p. 63) nicht lediglich und zu Recht die metagattungsmäßige »individuelle« Persönlichkeit der Füchse; die andererseits etwas ambivalente Beantwortung der Frage nach dem moralischen Überich (Kants Kategorischer Imperativ) der Füchse zumeist in der einfachen Version »stehlen oder nichtstehlen« (p. 43ff.) wird gänzlich gegenstandslos vor Paulinchens Blick, diesem vollends herzzerknitternd verträumt traulichen Blick, vor dem sie gleichzeitig anstandslos zerstäubt, ja -stiebt. Und dies gilt allerdings annähernd gleichermaßen und noch über die kleinen Flußpferde hinaus für das Zwergflußpferd vor allem in der Gestalt und Individuation jenes Zwergflußpferdes des Elsbeth, welches im August 1990 nicht zum erstenmal dem in Fürth (Bayern) gastierenden Zirkus Hölscher entlaufen und vierzentnerschwer munter regnitzabwärts geschwommen war, mit seinen Häschern und nacheilenden Pflegern dabei immer wieder Katz und Maus spielte (AZ vom 30. 8. 90), immer wieder vor den ausgelegten Netzen ins Wasser abtauchte – und erst schwach wurde, als man es mit Bananen und Karotten ans Ufer lockte. Daß im Zuge

dessen sein verlassenes Schwesterchen Gloria vor Trennungsschmerz immer wieder gegen ein Gitter lief und sich
dabei Schrammen zuzog (F. A. Z., 31. 8. 94), möge Elsbeth
als läßliche Sünde nach kurzem Purgatoriumsaufenthalt
durchgehen: es wollen dann aber Gloria und Elsbeth schon
eben deshalb gemeinsam in den Himmel und die Gottesschau als in die verklärt thomasische Beschaulichkeit der
visio beata samt contemplatio pulchra weit jenseits der notvollen vita activa (*Summa*) gelangen.

Um hier aber zum voraussichtlich letzten Male der allmählich ermüdenden Frage nach und der Diskussion um die
angeblich menschenäquivalente Religiosität des Hundes
(s. Mondo cane) nicht vollends auszuweichen: Vermutlich
wird man sich auf einen Kompromiß bzw. auf eine, ganz
unabhängig vom theojuridisch noch schwerer zu taxierenden Sonderstatus des Marderhunds, Entscheidung von Fall
zu Fall einrichten müssen. Einerseits haben wir die durchaus
homosapiensähnliche Klugheit der Schäferhunde, allerdings
nur der gelben (A. Machen, a.a.O.) – mögen die gelben also
durchaus und auch nach der Überzeugung Luthers in den
Himmel befördert werden. Andererseits beobachten wir die
zuweilen durchaus zwielichtigen, ja feilen Charaktere auch
und sogar der bestbeleumdeten Hunde (Spitz, Chow, Dakkel usf.) – mögen immerhin generell und pauschal die Blinden- sowohl als die Schlittenhunde belohnt und erkoren
werden sowie jene insbesondere Schweizer Bernhardiner,
welche Bergnotverkühlte oder sonstige Abgängige mit einem Fäßchen Obstschnaps am Halsband errettet oder jedenfalls kurz vorm Ableben nochmals getröstet haben. Ja,
einerseits gilt der Hund der allg. katholischen Welt- und
Himmelsordnungslehre zumeist als »unreines Tier« – andererseits hat er in Don Rocco sogar einen ausgesuchten
Schutzpatron (Axel Munthe, *Das Buch von San Michele*, aus

dem Englischen von G. Uexküll-Schwerin, Südwest Verlag
München). Wo aber waren sie dritterseits, die Hunde, damals, als es galt, dem Herrn auf dem Weg nach Golgatha die
blutenden Wunden zu lecken? Und was ist mit jenen brand-
gefährlichen Extrazüchtungen barbarischer, geradezu un-
menschlicher Beiß- und Totbeißmonstren, vor deren Zer-
störungswut und »enormer« (Dr. Rahm) Niedertracht nicht
einmal unsere stärksten Cherubine und Serpahine sicher
sein können?

Möge jeder einzelne Hund hier sehen, wo er bleibe, möge
er sich künftig am Riemen reißen und selber dafür Sorge
tragen, daß hienieden schon der Advocatus Dei, dort das
Weltgericht »in dubio pro libertate« (Kammergericht Ber-
lin, 15. Dez. 1992) ihm möglichst wohlgesonnen sei. Möge
er sich aber schlußendlich mit unserer hier abermals und
forciert vorgetragenen Versicherung der göttlichen allgemeinen »providentia« schließlich wieder beruhigen.

»Es war aber daselbst eine große Herde Säue an der Weide
auf dem Berge. Und sie baten ihn, daß er ihnen erlaube, in
dieselben zu fahren. Und er erlaubte es ihnen. Da fuhren die
Teufel aus von den Menschen, und fuhren in die Säue; und
die Herde stürzte sich von einem Abhang in den See, und
ersoff. Da aber die Hirten sahen, was da geschah, flohen sie,
und verkündeten's in der Stadt und in den Dörfern.«

Die von F. M. Dostojewskij seinem *Dämonen*-Roman
von 1871 als Motto vorangetragene sattsam bekannte Bibel-
version (Lk. 8,32–36) hat seither und weit über den Fall
Dostojewskij (vgl. dazu auch Dostojewskijs Brief an Apollon
Nikolajewitsch Majkow vom 9./21. 10. 1870 über dieses
Romanmotto) hinaus längst genügend Unheil in schlecht
unterrichteten Köpfen angerichtet; wer dächte nicht an
das angeblich »sinnentleerte Luderleben des Schweinchens«
(sic!), von dem ein F. W. Bernstein noch 1994 schwätzen zu

müssen meint, derart die steinalten öffentlichen Mystifi-
kationen und seit Lukas im Schwang befindlichen üblen
Nachreden ad infinitum perennierend – im Zuge eines zumeist unreflektierten Gekläffs und Gemaunzes von einer
geradezu wölfischen Wespenhaftigkeit. Es täte dieses jahrtausendealte Geschrei und Gegrunze dabei gut daran,
wenigstens einen flüchtigen Seitenblick in ein angeblich
wohleingeführtes deutsches Hausbuch zu werfen, den Wilhelm Buschschen vorgeblich ja allbekannten *Antonius von
Padua* nämlich – dort aber, Dichterzeichner Bernstein, was

Trottellumme

Trotz oder gerade wegen ihres ungünstigen und scheinbar verräterischen
Namens ein ernstzunehmender Aspirant

lesen wir da bei jenem Busch, auf den Sie sich zu allem
Überdruß auch noch häufig als auf ihren geistigen Patron
berufen, was lesen wir da? Was erfahren wir aus dem Mun-
de jenes heiligen Franziskaners St. Antonius, der freilich um
Gottes willen nicht verwechselt werden darf mit jenem von
Dämonen (aber keineswegs Schweinen!) geplagten Antonius aus dem 2. Jahrhundert! Was sehen und hören wir jetzt
am Schluß der Verserzählung an Ehrenrettung für das
Schwein? Daß dieses kluge, gesellige und dem Ondit zuwider sogar reinliche Tier – ebensowenig wie Katze und
Pudel – ja keineswegs vom Teufel und vom Luderleben besessen ist; sondern in seiner Aszensionsaspiranz geradezu
protegiert wird von wem? Wem? Genau:

> »Doch siehe! – Aus des Himmels Tor
> Tritt unsre liebe Frau hervor –
> Den blauen Mantel hält die Linke,
> Die Rechte sieht man sanft erhoben,
> Halb drohend, halb zum Gnadenwinke;
> So steht sie da, von Glanz umwoben.
> ›Willkommen! Gehet ein in Frieden!
> Hier wird kein Freund vom Freund geschieden.
> Es kommt so manches Schaf herein,
> Warum nicht auch ein braves Schwein!!‹
> Da grunzte das Schwein, die Englein sangen.
> So sind sie beide hineingegangen.«

Allerdings: so willkommen dieses, so heiligmäßig sogar
manches Schwein und als kluger Gottesberater stets erwünscht: Der lediglich scheinbar schweinische Bibirossa,
damit keine Mißverständnisse aufkommen, darf trotz seiner ulkigen hornförmigen Hauer natürlich nicht hinein; wo
kämen wir da hin.

Einhellige Fälle von Kondemnation
(Non placet)

Hier tun sich sofort zwei Problemfelder, ja -kreise auf: 1. Die genaue und zuverlässige Bestimmung und Feststellung der Schmerzgrade im Zuge der vorgesehenen Höllenpein bzw. deren genaue Scheidung nach physischer und/oder psychischer und ggf. psychosomatischer Qualitas; zumal die früher benutzten altkatholischen Doloritätsskalen heute kaum mehr gebräuchlich sind, auch praktisch nicht mehr brauchbar sein dürften und taugen. 2. Abermals die spätaugustinisch inspirierte und sodann ins Leben gerufene sog. doppelte Destinationslehre des 9. Jahrhunderts, wie sie dann von dem sächsischen Mönch Gottschalk (und hier ist wahrlich nomen omen) in seiner aufsehenerregenden Schrift *De praedestinatione* (848 n. Chr.) wider den damals herrschenden theologischen Konsens der meinungsführenden Fuldaer rund um Abt Hrabanus Maurus formuliert und sogar bei Androhung der Haftstrafe (Flasch, p. 160) durchgesetzt wurde und deren wesentlicher Gehalt, die Widerlegung der Meinung, daß Gott dem Menschen seine Himmels- oder aber Höllenbestimmung schon bei Lebensantritt vorbestimmt hat, wenn für den Menschen so auch für das gesamte und gemeine Tierreich Geltung haben müßte; denn es bräuchten sich ja sonst Hund, Katze, Katta, Krokodil,

Nasenbär usw. überhaupt nicht mehr um ein gottgefälliges Leben mühen, wäre ihnen die Seligkeit doch eh schon prädestiniert; und umgekehrt kann man im Falle, daß die Hölle ohnehin seiner harrt, von einem Wolf, einer Hyäne oder einem Faultier ja erst recht keinerlei Anstrengungen auf einigermaßen gute Führung hin mehr erwarten.

Wenden wir uns dem ersten Problemkreise zu, dann ergibt sich so rasch wie evident, daß die jahrhundertelang gültigen, wenn auch zuweilen apokryphen und wie unterderhand gehandelten Einheitskategorien höllischer Schmerzbestimmung nicht mehr unbedingt haltbar, daß sie zumindest ins Wanken geraten sind. Ging man noch bis zum Zweiten Vatikanischen Konzil bei der seit Albertus Magnus durch speiende Vulkane empirisch nachgewiesenen Hölle (Inferno) im allgemeinen von Einheiten von 200 bis 3000 Grad infernalisch somatisch Dol vor der Auferstehung des Fleisches aus und zusätzlich dann später 500 bis 5000 Grad infernalisch psychisch Dol (zum Vergleich: das Verbrennen bei lebendigem Leibe beträgt nur ca. 80 bis 100 Grad terrestrisch som. Dol!); während im übrigen Gott und Seine Engel seit Ewigkeiten in einer Dauerlustverfassung von ca. 1000 Grad coelestisch Euphorie oder auch etwas mehr leben (abermals zum Vergleich: der allerbeste menschliche Orgasmus bringt es nur im günstigsten Fall auf ca. 30 Grad terrest. som. und terrest. psych. Euph.; beim Grizzlybären oder beim Elefanten mag es noch etwas mehr sein); so – jedenfalls kurzum:

Weil diese lange bewährten Euphorieeinheiten für somatische und psychische Lust heute offensichtlich ebenso wenig mehr zu halten sind (vgl. E. H., *Über die Wibblinger*, 1993, p. 81 ff.) wie die für die Hölle besonders relevanten und stichhaltigen Qualensgrade in psych. und som. Dol. (die Hölle sorgt, damit keine Mißverständnisse entste-

hen, für beides): deshalb ist auch die Substanz- und mithin
Wesensbestimmung des christologisch-danteischen Infernos
selber ins Schwimmen gekommen – zumal die moderne Algologie (Schmerzwissenschaft) in Theorie und Praxis und
vor allem im Zuge der modernen Physiotherapie und Kran-
kengymnastik der Vereinfachung und besseren Bestimm-
barkeit willen Dol-Bestimmungen nur auf einer, vergleich-

Gartenlaufkäfer

Sie haben, wie die allermeisten Insekten, im Himmel wenig zu suchen

bar den Bergbesteigungsschwierigkeitsgraden, Skala von
1 bis 10 zuläßt (Aussage: Monika Kremer, Frankfurt,
Oederweg 52) – und dies vorerst allein auf eindeutig somati-
schem Revier! Wobei die meisten modernen Algologen und
Anästhesisten überhaupt eine Festlegung auf Zahlen und
Skalen zu vermeiden trachten (David B. Morris, *The Culture
of Pain*, California Press 1991, dt. Ed. Unseld, Frankfurt
1994 – der Verfasser dankt für die Überlassung eines Rezen-

sionsexemplars) und allein und allenfalls in der Einteilung nach Qualitäten und Qualitätsskalen (dumpfer, stechender, ziehender Schmerz usw. – so die Fragebogenformulare der meisten heute führenden Schmerzkliniken und Schmerzzentren in Amerika wie Europa) Sinn erkennen.

Gänzlich unentschieden ist bis zum heutigen Tag auch und unerledigt nach wie vor die fundamentale Frage: »Können Tiere psychisch leiden?« (F. A. Z., Beilage »Natur und Wissenschaft«) – und trotz aller scheinbar unumstößlichen Krokodils- und vor allem Elefantenkullertränen beim Tod der Freundin oder des Dompteurs, bei aller offensichtlichen und auf seelischen Schmerz in extenso deutenden Expression bis hin zum Suizid (Williams, *Elefanten*, a.a.O., p. 144) antwortet das in Frankfurt erscheinende angesehene Blatt vermeintlich ungerührt, nach den heutigen Erkenntnisständen der Ethologie sei »kein objektiver Beweis möglich« – unbeschadet des sonst geringen »missing link« (K. Lorenz) von Tier und Mensch, der ja vor 100 000 Jahren auch noch nur erst Tier unter Tieren war. Wenn Schweine z. B. auf kaltem, hartem, mit Spalten versehenem Betonboden ohne Einstreue gehalten werden, dann geben sie häufig ihr Such- und Wühlverhalten und auch ihre Ruhestellung auf und hocken statt dessen stundenlang mit gesenktem Kopf wie ein Hund auf ihren Hinterläufen. »Das Schwein trauert«, sagen die Fachleute – aber, so bohrt die F. A. Z. energisch weiter, »läßt sich daraus schließen, daß es unter diesen Bedingungen auch leidet?«

Die Frage nach der psychischen Leidfähigkeit der Tiere spaltet nicht nur erkennbar das Lager der Verhaltensforscher in aller Welt; der Potentialis, ja bloße Eventualis wirft umgekehrt ein sehr fahles Licht nicht nur auf die theoretisch-funktionale Höllenfähigkeit der Tiere, sondern vice versa und im reziproken Analogieschluß abermals auch auf ihre

zureichende Himmelseignung und -neigung. Und gleichzeitig ein Schlaglicht noch einmal auf die doppelte Destination resp. Freiheit der Lebewelt über den vernunftbegabten
Menschen hinaus respektive hinter ihn zurück. Denn wenn
die Hölle im Sinne der allgemeinen katholischen Satanologie eine der beiden besonderen Formationen der Donoso
Cortes (»schreckliche Freiheit«) des Menschen meint, die
Eitelkeit nämlich des »Bösen als des Nichtigen« (W. Kas-
par) als nämlich die so sehr verführerische »Pompa diaboli«
(F. A. Z., o. J.): – dann muß dies konsequent auch für die
Tierwelt gelten, so wie auch für sie die Existenz des Teufels
im Rituale Romanum von 1645 endgültig und für alle Zeiten definitiv festgeschrieben ist, da beißt die Maus keinen
Faden ab, möge insonderheit die neuere Tübinger Theologie rund um den bekannten Paradigmenwechsel der Küng
und Kuschel und die sog. Kulmezeption hier und da auch
diese und jene Einwendungen und Verwahrungen vorbrin-
gen und Modifikationen vorschlagen und Verwirrung stiften, hier gilt es theologisch die Stellung ganz besonders fest
zu halten!
   Andererseits soll nach der Johannesapokalypse nur verur-
teilt und gerichtet werden, wer eindeutig »in boshafter Ab-
sicht« handelt, und das läßt sich von den meisten Tieren ja
kaum sagen. Immerhin, ein eindeutiger, ja einhelliger Fall
wäre jenes böse Tier, welches nicht nur (s. R. Wolf, *Fortset-
zung des Berichts*, 1964, insbes. p. 7 ff.) während der Paarung
seinen Gatten verspeist, sondern auch noch auf den doppelt
bösartig täuschenden Namen »Gottesanbeterin« hört –
weißgott nein, die kommt gewiß nicht dazu, im Himmel
dereinst Gott anzubeten! Sondern schon ihre verlogenen, ja
tückischen Mimikry-Tarnfarben machen sie, noch abseits
dieses ihres abscheulichen Geschlechtsverhaltens, zur annähernd sichersten Höllenkandidatin (Inferno) von allen; und

ganz ähnlich ergehe es umgekehrt auch der unsere heimischen Bienen heimtückisch ermordenden und auch darüber hinaus hundsgemeinen Grabwespe namens Bienenwolf, eines der verfluchtesten Tiere überhaupt (s. Karl v. Frisch, *Bienen*, p. 158 ff.) – und partout nicht in den Himmel, sondern ins Schattenreich der feurigen Hölle kommen sollen, ja müssen selbstverständlich die Tsetsefliege und die Anophelesfliege Trypanosoma gambiense, diese in ihrer Eigenschaft als Erregerin bzw. Überträgerin der Schlafkrankheit, jene als die der Malaria. Tod den Verruchten! Tod ihrem Haupte! Rache, Tod! Tod ihnen beiden!

Ein von Natur aus überaus böses Tier scheint auch die Wüstenschabe zu sein, desgleichen zweifelhaft erscheinen uns Leichenspäher wie der Afrikageier und der Gänsegeier, und mit Sicherheit wird die Annahme verweigert Tieren wie dem Aal, der Assel, der Bremse, dem Hering, dem Wurm und wahrscheinlich dem charakterlich minderwertigen nackten Wombat (während der gemütliche braune Haarnasenwombat dagegen ausgezeichnete Aussichten hat); sowie auch u. U. dem Mops, der, selbst bei wohlgesonnenster Beurteilung des Hundegeschlechts, einen überaus zweifelhaften Fall vorstellt, möge Jean Paul Richter dem Hund auch in toto »Religion« zubilligen – und wie für sehr zahlreiche Insekten ist der Zugang mit Gewißheit verwehrt der Stabheuschrecke trotz oder gerade wegen ihres angeblich für Damen unwiderstehlichen Zirp- und Balzkonzerts mit ihren Schenkeln während der Brautschau. Für dergleichen hat man im Himmel keine Verwendung.

Insgesamt und für die erste Übersicht tunlich ist eine Scheidung und Gliederung der Tierwelt nach reinen und unreinen Tieren im Sinne von Moses (3,29): »Diese sollen euch unrein sein unter den Tieren, die auf der Erde wimmeln: das Wiesel, die Maus, die Kröte, ein jedes mit seiner

Art, der Gecko, der Molch, die Eidechse, die Blindschleiche
und der Maulwurf.« Es scheint Vater Moses also diese Tiere
inkludent auch der Hölle (Damnatio, auch: Condemnatio)
überantworten zu wollen, allein, nicht nur wagen wir im
Fall der Blindschleiche anderer Meinung zu sein und plädieren in Anbetracht ihrer friedlichen und gleichsam kontra-
punktisch gegen ihr Geschlecht gerichteten Art auf Errettung. Andererseits, wenn schon der Molch, dann auch der
Olm, wenn schon der Gecko, dann unter Garantie auch das
potthäßliche und grünliche und – vergleiche den Fall Gottesanbeterin – so verlogene, zudem fatal dem Ex-Ichthyo-
saurier ähnelnde Chamäleon – und mit Sicherheit will und
braucht man da oben auch, wie schon gesagt, keine Frösche.
Moses selbst (2. Buch 7,27–29) deutet den Grund an: »Siehe, so will ich all dein Gebiet von Fröschen plagen, und der
Strom soll von Fröschen wimmeln; die sollen heraufkrie-
chen und kommen in dein Haus, in deine Schlafkammer, auf
dein Bett, in deine Backöfen und in deine Teige« –
– schrecklich! Man kann sich gut vorstellen, was da im
Himmel los wäre.

Nein, und offensichtlich nicht für den Himmel vorgese-
hen von Gott ist auch das australische Schnabeltier, obschon
es, halb Biber, halb Ente zugleich und wie ein Reptil Eier le-
gend, als eines der seltsamsten Tiere überhaupt auf seine
Singularität und also immerhin museale Überlebensnot-
wendigkeit zu pochen scheint. »Wer weiß, ob der Odem des
Tieres unterwärts, unter die Erde fahre«, frägt der Prediger
(3,19). Wenn man speziell dieses Tier so anschaut: wahrscheinlich schon.

Und noch sicherer gewärtigen kann die Hölle als den bekannten »Pfuhl von Feuer und Schwefel« (Hl. Johannes) natürlich die Hornisse. Besonders für sie gilt, was der Prophet
sagt: »Sie werden gerichtet, ein jeglicher nach seinen Wer-

ken.« Und was das für die Hornisse heißt, wird sie selber
am besten wissen und ermessen können. Ihr fluchwürdiges
Gift wird sie vor den schon bald sie verschlingenden Flammen ebenso wenig retten können wie das ihrige jene böse
Schlange, welche da nicht nur in die Hölle kommt, sondern
welche die Hölle selber ist. Möge sie also implodierend in
sich selber fahren! Ein Mühlstein um ihren Hals. Ausnahme
ist nur die Blindschleiche. Und vielleicht die Natter. Sie hat
wahrscheinlich eine Chance. Möge sie sie nutzen!

Gewiß, ursprünglich im Urchristentum gehörte die Hölle
(Gehenna, Gehinnom, nicht zu verwechseln mit Genom,
i. e. Binom) noch nicht einmal zum Kanon, zur gesicherten
Vorstellungswelt – der ersten Christen und vielleicht sogar
Jesus Christus' selber, obschon bereits 2. Henoch 29,4, aber
auch Gen. 6,2 u. 4 von ihr hinlänglich Zeugnis geben.
Allein, sie erwies sich dann aber als Ort der Verdammnis
schon als verdammt notwendig im Fall übler und sündhafter Aufführung und wenn die Leute sonstwie Scherereien
machten, und schon in der sog. Petrus-Apokalypse (ca. 135
n. Chr.) hieß es dann unmißverständlich von den Bösen:
»Man bereitet ihnen ein nie verlöschendes Feuer« (a.a.O.).
Und schon bald darauf, im Mittelalter, wußte man dann,
wie Gustav Seibt in der F. A. Z. vom 13. 11. 90 nicht müde
wird überaus kundig mitzuteilen: »Von zehn Menschen, die
sterben, so verkündeten die, die es zu wissen glaubten, sind
acht zur Hölle verdammt« – nur 20 Prozent also konnten
grundsätzlich gerettet werden. Umgekehrt wurde »mit der
Logik des Schreckens« (Kurt Flasch, *Logik des Schreckens*,
Dieterich'sche Verlagsbuchhandlung, excerpta classica 8,
Mainz 1990, 304 S., kt. 28,80 DM) natürlich »die Menschheit zu Schmutz und Sündenbrei« (ebd.). Viel spricht dafür,
daß für Augustinus von Hippo, den Cheftheoretiker dieser
Gnadenlehre (*De diversis quaestionibus ad Simplicianum*, 397

n. Chr.), nicht nur alle Menschen nach ihrem Sündenfall die
Verdammnis verdient haben – und Gott also in jedem Fall
gerecht sei, wenn er sie scharf abstrafe; mit der Möglichkeit,
und darin eben bestehe seine Gnade, einige wenige von der
Bestrafung auszunehmen, allerdings (so Seibt, a.a.O.) ohne
notwendige Reklamation eines Anspruchs oder gar Regreß-
pflichtigkeit. Anzunehmen, daß dem afrikanischen Bischof
und Kirchenvater über dieser »Roheit« (Flasch), über dieser

Gottesanbeterin

Ein besonders eindeutiger Fall für das Inferno (Hölle)

schon schwerlich mehr latent sadistischen Triebkomponen-
te als präfaschistischer Allmachtstraum einfach auch der
Albtraum des Unterbringungsproblems vor Augen stand
und starrte; daß er derart also primär aus Platzangstmotiven
argumentierte – man stellte sich damals das Weltall inkl.
Himmel ja noch keineswegs 12 bis 15 Milliarden Lichtjahre
bzw. 10 hoch 26–27 Ordnungseinheiten groß vor; sondern
noch recht klein und kaum über die Sonne oder Milchstraße
hinaus.

Wie immer dem sei und gewesen sein mag, wendete man die Milchmädchenrechnung der ca. 20 Prozent zu Salvierenden auch auf die Tierwelt an, dann sähe es für die Mehrzahl der Tiere schon sehr schlecht, schon recht schlecht aus, und nicht nur für jenen im australischen Tasmanien lebenden sog. Beutelteufel – ein scheußliches und ganz böses Tier, ein echter Fehlschlag der Evolution, ein Tier, das mit seinem häßlich und gehässig aufgerissenen Maule alles bisher Dagewesene an Bosheit weit übertrifft – gar kein Drandenken an eine dereinstige Himmelsakzeptanz! Schon auch nicht wegen seiner sehr verräterischen Pechschwärze!

»Ein Neger hat doch eine Seele?« erkundigt sich in Laurence Sternes bekanntem Roman Trim bei Toby etwas zweifelnd. »Ich nehme an«, versetzt Toby, »Gott wird ihn nicht ohne eine belassen.« Die Schwärze des Angesichts ist mithin nicht per se neque eo ipso diaboli de gente und Verdammungsgrund. Allein sie ist auch kein zureichender Vernunftsgrund, schwarze Lebewesen a priori und negergleich theoretisch oder gar praktisch zu salvieren und zu entschuldigen. Was möglicherweise aufgrund von Gottes unermeßlicher Güte und Gnade für den gottsehnenden wilden und zumal katholischen Neger gelten mag, das hat noch lange kein analogieschlüssiges Äquivalent etwa im schwarzen Panther oder im ohnehin mehr germanisch-heidnisch beheimateten Raben oder gar im bösen Beutelteufel. Quod licet Jovi non licet Bovi. Und dies gilt auch natürlich umgekehrt: Noch keineswegs allein wegen seiner prachtvollen weißen Winterkleidung darf, anders als Savonarola sich das ausmalt, der Hermelin mit einer Aufnahme rechnen, und auch für so manchen scheint's blendend weißen Schneehasen wird es wohl unangenehm genug häufig »off limits« heißen, das walte Gott der Gerechte, der Gott der Herrlichkeit. Die theosophisch-dialektische Spekulation aber, der Beutel-

teufel (Sarcophilius harrisii – ha, »horrisii« müßte er von
Rechts wegen heißen, dieser schmutzige Aasfresser!) gelange schon aus Wiedergutmachungsgründen und im allgemeinen exegetischen Kontext des Gleichnisses vom verlorenen
Sohn ins Paradies: dieser Syllogismus ist bei einem solch un-
zähmbaren Tiere und auch noch »äußerst mürrischen Ein-
siedler« (O. Fehringer, *Die Welt der Säugetiere*, p. 329) als
ein besonders abgefeimt scheinchristkatholischer Sophismus
besonders scharf zurückzuweisen und keineswegs durch
Cusanus' Coincidentia-Lehre scheinbar christologisch zu
begründen.

Tod den Verrätern! Ein dreifach Wehe über solche unterm
Mäntelchen Roms angetretenen Irrlehren!

Der pfeilgespickt hingemeuchelte Hl. Sebastian habe
»gleich einem Igel gestanden« (Jacobus de Voragine, *Legen-
da aurea*). Schon aus diesem Grund hat, wie erwähnt, der
Igel sich das Paradies verdient und seine Himmelsfähigkeit
nachgewiesen. Dies gilt indes keineswegs im selben Atem-
zug für das Stachelschwein! Nein, ausdrücklich spricht
Jacobus von einem Igel und eben nicht von einem Stachelschwein oder sonst einem borstigen Tiere! Abermals gilt:
Wer Odin gefallen mag, der gefällt darum noch längst nicht
in zwingend Sebaoth oder gar Christus – und es ist in diesem offenbar noch immer leidig strittigen und verfahrenen
Sachverhalt auch an ein anderes eindringlich zu erinnern:

So wie Papst Johannes Paul II. erst wieder neulich während einer Generalaudienz vor 8000 in Rom anwesenden
Gläubigen nachdrücklich und nachhaltig darauf aufmerksam gemacht hat, daß es »im Himmel keinen Sex gibt«
(*Blick*, 26. 11. 94), weil nämlich schon aus der Bibel ein-
wandfrei hervorgehe, daß Menschen, die in den Himmel
kommen, »keine Ehefrauen oder Ehemänner mitnehmen,
denn sie sind engelsgleich« (ebd.): So ist insbesondere nach

dieser neuerlichen coelestologisch-pontifexialen Einlassung von annähernd excathedrialem Rang dem Anliegen der römischen Kurie im Sinne Gottes und in allen denkbaren Zweifelsfällen im Kern und Grundsatz dergestalt Rechnung zu tragen, daß zwar z. B. der gemütliche braune Wombat in den Himmel kommen zu können vermag, nicht aber der nackte (Nacktnasenwombat). Und Gleiches gilt von der Nacktschnecke sowie auch vom Nacktmull, welchem schon deshalb der Einlaß zu verwehren ist; indessen der Erhöhung des scheinbar minderen Graumulls prinzipiell nichts im Wege steht; zumal er (SZ-Magazin vom 25. 11. 94) zwar ein sehr emsiger, ja gleichfalls »enormer« (a. a. O.) und sogar leidenschaftlicher Stecher ist, dies aber wenigstens im Rahmen der wünschenswerten »Monogamie, ja strikter Treue« (a. a. O.) und nämlich auch ausgerüstet mit »viel Familiensinn« (F. A. Z., 30. 3. 94). Doch, obschon er so häßlich und sogar blind ist, obwohl ihm B. Grzimeks angeblich moderne und aufgeklärte große Enzyklopädie gleichsam verächtlich und widerwillig lediglich zwei Druckseiten einräumt und obschon er vielleicht sogar das Modelltier für Franz Kafkas famose Parabelerzählung *Der Bau* abgibt bzw. für den bösen Feind dieses Tiers: der Graumull habe eine Chance, es möge Gott diese ihm einräumen. Zumal Nicola Siegmund-Schultze in ihrem sehr gemütlichen, berichtige: sehr gründlichen SZ-Magazin-Report hinter seinem gesamten Familiensolidar- und Sozialverhalten sogar »Moral« (ebd.) vermutet. Ein drittes Mal aber gelte wiederum im Umkehrschluß: Quod licet Graumull, non licet Bless-, und Beutel- und Hottentottenmull. Und schon gleich gar nicht Nacktmull! Und überhaupt alle Nacktwombate, Nacktfledermäuse und Nacktsamer! Gut, daß Papst Wojtyla hier wieder mal mit einem klärenden Wort die gröbsten Torheiten ausgeräumt hat!

So wie seine archetypologische Ähnlichkeit mit dem Teddybär auch dem Koala ja keineswegs zu vorschneller und übereilter Assumption u. Himmelsaszendenz gereichen kann. Der Mann ist gefährlich und grundböse. Und anders als der brave Biber soll auch die hinterasiatische Biberspitzmaus (Chimarrogale himalayica) nicht hinein. Ebenso wenig wie der dumme Dinosaurier. Und der Tyrannosaurier sowieso nicht. Vom Diamantfasan schon fast nur noch betreten rasch zu schweigen.

Im übrigen, auch wenn »im Paradies Nacktheit wiederhergestellt« sein sollte (so Otfrid, aber auch das *Elucidarium*), jedenfalls im Grundsätzlichen und Theoretischen – warum nicht Hildegard v. Bingens Wunsch aufgreifen und berücksichtigen, im Paradies möge es »seidene Gewänder und weiße Schuhe« haben? Der Nacktwombat ist jedenfalls so unerwünscht wie der Beutelteufel. Der niedlich braunweißgetüpfelte Tüpfelbeutelmarder ja. Auch der zugleich otter- und leopardenähnliche Tüpfelkuskus und werweiß vielleicht sogar die Tüpfelhyäne – falls Gott ihr zu verzeihen geruht. Aber der Nacktmull: nein. Nie und nimmer.

In toto: Keinen Sinn macht übergroße Toleranz, überskrupulöse Rücksichtnahme. Der japanische Rotgesicht-Makak-Affe zum Beispiel ist zwar intelligent und, wie man hört, sogar stimmbegabt (angeblich: 30 Töne), ihm soll aber die Aufnahme ins Reich besonders strikt verweigert werden. Denn gerade gesungen soll später im Sinne einer gewissen und halbwegs auskömmlichen Himmelsordnung ja nicht mehr so viel werden. Und dem vorerwähnten Beutelteufel nicht nur das Wasser an Potthäßlichkeit reicht das australische Glotzauge. Wie jener gehört auch es sicherlich zur »Sippschaft des Teufels« (Aug., *De civ. Dei* XXVII), und wie dessen atmet sein Aussehen »die unerforschliche Bosheit der Hexen« (*Malleus maleficarum*, 1485/86) gemäß

der päpstlichen Bulle *Summis desiderantes* Innozenz' VIII.
und seiner Streitgenossen und bewährten Kampfgefährten –
und, jawohl, so wie es, das australische Glotzauge, ohnehin
und rechtens und rechtzeitig gelernt hat, sich, dem strafen-
den Reiher zu entgehen, schleunigst in die schlüpfrigsten
Erdschlammlöcher zurückzuziehen, um dort vorübergehend allerdings noch mehr zu verratzen und zu verpesten,
so möge es auch drüben dreifach in die Hölle (ignis inferna-
lis, o. a.: ignis gehennalis) fahren. Möge schon hier der Kirchenbann es treffen! Verflucht sei es für alle Zeit und bis ins
siebte Glied!

Und dieses gelte beim Glotzauge auch fürs neunte und
fürs neunmalneunte. Verflucht seien auch sie!

Ahoi.

Fast Nämliches trifft zu für den gefährlichen u. bösen
Puma sowie, wie erwähnt, den Nacktmull, der allzu leichtfertig schon aufgrund seiner Nudität den Himmel hoff-
nungslos verwirkt hat. Dagegen werde die Fledermaus
gleich wie der fliegende Hund abgestraft nicht so sehr
wegen ihrer Alteritas (Andersheit); sondern beide v. a. wg.
ihrer von Jugend auf abgrundtiefen Böse in der Folge ihrer
abermals Teufelsähnlichkeit. »Im Schlamm der Tiefe und in
den Finsternissen des Trugs« (Augustin, *Confess.* III) mögen
sie sich zusammen mit dem Glotzauge ewigkeitlich wälzen!
Mit eiserner Hand möge Gott ihnen die Gurgel auch post
mortis oder vielmehr mortem noch einmal abdrehn!

Wenig Aussicht, der Hölle zu entrinnen, besteht item für
den Pinguin, der schon bald zur Rechenschaft gezogen
wird. Anders als die Haubenlerche, die u. a. »O Tannen-
baum« zu singen vermag (Vitus B. Dröscher, *Wie menschlich
sind Tiere*, p. 68), im Drüben nichts Gutes erwarte sich in
aller Regel der Haubentaucher. Kaum Hoffnung ist für
das ganz und gar häßliche Gnu und das allzu unförmige

Giraffentier. Alle Zuversicht fahren aber lasse das Krokodil. Nein, es ist einfach zu schmuddelig und schmutzvoll, ja vielleicht kann man ihm sogar einen Strick draus drehen, daß es werweiß der vom Propheten Daniel einst geweissagte Antichrist (Bestia immunda infernale) in aller ketzerischen Verstocktheit ist.»In den Abgrund des ewigen Todes stürzen« (Hildeg. v. Bingen) möge es und »im Lichte nicht mehr erschaut werden« (ebd.). Et ne nos inducas in tentationem! Fort mit ihm! Und dies gelte sowohl bis zum Ablauf der tausendjährigen Fesselung Satans (Johannes, *Apok.*) als auch nach dem Jüngsten Gericht bis zum Ablauf der Weltzeit!

Roma locuta, causa finita!

Und anders als der Elefant, der zusammen und im Verein mit den Hl. Drei Königen (FDP-Parteitag!) dem Kindlein in der Krippe zu Bethlehem schöne Geschenke anschleppt und auch schon deshalb himmlische Berücksichtigung erfährt; ganz anders auch als Ochs und Esel, die gleichfalls wegen ihrer Verdienste im bethlehemitischen Stall in Gottes Reich und Nähe gelangen (wenn auch nicht mehr ganz so nah wie dortmals im Stall), so tut gleichwohl Gott mitnichten wohl daran, gleich auch noch das Maultier mitzulassen. Geschweige denn das Lama. Zumal man in der ätherisch auratischen Sphäre des Coelestischen mit etwas strengeren Geruchskonditionen als im Terrestrischen zu rechnen hat. Und das sollte sich insbesondere auch das Stinktier (Skunk) ordentlich hinter die Ohren schreiben. Nein, ein drittes Mal gelte hier im Sinne einer christologisch unanfechtbaren Soteriologie unter den strengen Auswahlgesetzen einer wünschenswerten theokratischen Akzeptanzprohibition: Quod licet Jovi, quod licet dem trefflichen Elefanten und auch licet ohne weiteres dem niedlichen Brummbären, non licet dem Lama, dem Nacktmull und dem Skunk. Dem Aids keine

Chance und keine auch dem nackten Wombat! Gebt ihm
Saures! Nein, auch wenn die tierische Nacktheit vermeintlich (haha!) und im Kern der Kleider- und Bedürfnislosig-
keit des Hl. Franz von Assisi und vermeintlich auch (hahaha!) seinem gottgefälligen Ideal des »Poverello« entspricht
im Sinne seiner idealtypischen Wunschvision: »Nackt will
ich also zum Herrn zurückgehen« – nein, gar zu schlechte
Erfahrungen hat man jahrhundertelang mit diesen Minori-
ten und Waldensern und sonstigen Minderbrüdern gemacht, Nacktheit, Schmutz und Stolz sägen da an einem
Holz, dem Holz der hohen Himmelspforte! Nein, Lama,
Skunk, Nacktmull und nackter Wombat kommen auf bes.
Anliegen von Papst K. Wojtyla hin nicht hinein! Neinnein-
nein! Wie auch Thomas von Aquin in seiner *Summa Theologiae* keinerlei Gnade kennt! Nicht Nacktmull, nicht Nacktwombat, auch keinerlei menschlichen Nackerfrösche! Nur
Frechheit bestreitet, daß Gott selbst sie in seiner ewigen
Seligkeit nicht sehen mag! Diese drei, die da Böses sehr
im Schilde führen! Daß sie ihm ein Dorn im Auge sind,
vor allem diese drei! Nichts gebührt ihnen als die Höllen-
glut in ew'gen Qualen! Der Teufel soll sie holen wie einst
Fausten!

Fort mit ihnen! In den Kot!

Alea iacta sunt.

»Gott ist ein lauter Nichts«, zitiert Umberto Eco (*Der
Name der Rose*) Angelus Silesius und Meister Eckarts my-
stisch negative Theologie; gut, zugebilligt, Gott sei ein
Nichts – wer ist aber dann der Teufel, wer die Hölle? »Alles
Böse ist ein Nichts«, korrigiert korrespondativ und mit ver-
führerischem Sirenenklang Herder, hier unverkennbar auch
und freilich ex negativo den prekären Gedanken einholend
des Augustinus: »Das Böse hat überhaupt keine Substanz«
(*Confess.*, 4. Buch) – allein, wie leicht und rasch sichtbar,

hilft uns dies und derlei billig hier auch kaum weiter. Weil
wer sich heute, und sei's in negativer Dialektik, mit Gott
anlegt, muß früh, muß sehr früh aufstehen. Gut fährt deshalb vielmehr, wer weiterhin vom altvertrauten Höllen-
und Teufelsimago der allgemeinen katholischen Satanologie
in Geist und Buchstabe des verläßlichen Rituale Romanum
von 1645 ff. ausgeht und ihm vertraut, und das aber heißt:
Die Hölle ist eine »Strafkompanie der Ewigkeit« (Adolf Ro-
dewyk S. J., *Dämonische Besessenheit*, Aschaffenburg 1966,
p. 100) sowohl als: »Die Hölle ist ganz Gott unterworfen«;
dies aber wiederum bedeutet: Ähnlich den neun Engelskrei-
sen (Chören) gliedert sich die Hölle im Sinne der sieben
Hauptsünden (Habsucht, Zorn, Unkeuschheit, Nacktheit
usw.) in sieben »Legionen«; und während die neun Him-
melschöre geheißen sind Engel, Erzengel, Throne, Herr-
schatten, Fürstentümer, Gewalten, Mächte des Himmels,
Cherubim und Seraphim (zit. nach: *Missa de Angelis*) – derweil hören die bekanntesten Teufel im einzelnen auf Namen
wie Kain, Judas, Herodes, Beelzebub, Luzifer, Pfarrer
Fleischmann (Amberg), Nero, Barrabas, der sogar wider
Christum prozeßfreudige Teufel Belial sowie Abu Gosch,
der vermutlich gemeinste aller Teufel. Die Qumrantexte,
über welche in den letzten Jahren so viel unverhofftes Auf-
sehen aufgewühlt wurde, kennen übrigens, anders als die
Verkündigungen und Gleichnisse Jesu, das »Gottesreich«
nur im Himmel, nicht aber auch als Offenbarwerdung eben
dieses Gottesreichs gleichzeitig schon auf Erden. Über die
Hölle (Inferno usw.) äußern sie sich weiter nicht – unabhängig aber von der Frage, ob nun wirklich alle, aber auch alle
Hunde Entsühnung (Satisfaktion) im Sinne auch der erör-
terten Doppeldestinationslehre des 9. Jahrhunderts erlangen
können und d. h. ob dies zwingend aus Anselms berühm-
tem, zeit Heinrichs Verweilen in Canossa entstandenem und

später »ontologisch« genanntem Gottesbeweis im *Proslogion* (1080), nämlich item ex negativo, herauszulesen ist: So unklar und wenig scharf in der modernen Pathologie und Algologie selbst noch die Schmerzmessung und -bestimmung sowie eine genaue Abgrenzung zwischen psych. und som. Dol. bzw. zwischen terr. und infern. Dol. heute noch, ja mehr denn je scheint und mitnichten der geringsten Einhelligkeit sich erfreut – fest steht und unbestritten ist immerhin, daß Luzifer als der höchste Teufel der Höllenfürst ist – während alle anderen ihm, so wie der oberste Chor der Engel als »Kronrat Gottes« (dem einst auch Luzifer angehörte!) amtiert, mehr oder weniger hierarchisch untergeben sind (s. auch Mephistopheles' feine Andeutungen in Goethes *Faust*, 1. Teil) und ihm nach einem mehr oder weniger elaborierten Arbeitsplan bei der stetigen Ausführung der Höllenqual (»poena damni«) als der obersten Form der Gottesverstoßenheit helfen und zur Hand gehen. Das aber heißt:

Ganz unabhängig von der augustinischen Frage, ja Fangfrage, ob »Leiber im Feuer fortbestehen können« (XXI,2), ist die christliche Hölle als das ewige Feuer sowohl als der ewige Schlamm des Höllenpfuhls als der Ort der schmählich vollkommenen Finsternis jedenfalls und auf alle Fälle der Tod der Seele, welche aber eben deshalb in einem kolossalen und auch von der neueren Kuhnrezeption H. Küngs nie ganz aufgelösten Paradoxon ewig weiterbrennt. Wobei einzuräumen ist, daß, obzwar es ein Entrinnen durch Fürbitte im nachhinein schon aus Prinzip nicht geben kann (mitgefangen, mitgehangen, wo kämen wir sonst hin? Anm. d. Verf.) und, worin auch alle Kirchenfürsten u. Kirchenväter d'accord gingen, Gott selber erst im allerletzten Moment, vulgo am Jüngsten Tag, kraft seiner Oberbefugnis die allerletztinstanzliche Entscheidung trifft, und das heißt auch und v. a. Sorge tragen muß, daß es zu einem ei-

nigermaßen ausgewogenen Populationsproporzanteil Himmel–Hölle kommen mag. Wer der ewigen Pein des Feuer-
und Schwefelpfuhls unter Luzifer verfällt, des Orts also,
darin allein der Wurm und der Teufel selbst nicht stirbt, darüber befindet allein Gott selbst, im allgemeinen im Einvernehmen mit der Trinität – keineswegs jedoch, wie mitunter
gemutmaßt wird, nach Rücksprache mit dem Fürsten der
Finsternis, der nicht zu Unrecht auch der Fürst der Welt genannt wird. Und in aller Regel auch ohne Anhören jener
Kreatur, sei's Mensch, sei's Tier, so flehentlich sie auch immer Gott darum bitten und ersuchen oder im Fall etwa kleiner Dackelhunde durch treuherziges Augenspiel ihren Gott
und Richter wohl bezirzen möchten und sich nicht zu ent-
raten und entschlagen suchen. Gott, der Gerechte, ist nicht
bestechlich! Sondern diese Verfluchten, so da schon gerichtet sind, sie haben sich strafbar gemacht durch ein schlecht
geführtes Leben und in der Regel auch so wie der störrische
Esel durch Halsstarrigkeit wie das Wildschwein und das un-
geschlachte Nashorn (Rhinozeros) im Verein mit sündhafter
Unbotmäßigkeit, und es mögen also jene Verfluchten aus-
gerottet und gepeinigt werden von Ewigkeit zur Ewigkeit
und der Süßigkeit des Herrn nicht und nimmer teilhaftig
werden, und dieses aber heißt dann weiter:
    Zwingend geboten seitens der Verantwortlichen ist vor-
dringlich die unverzügliche und unverminderte Relegation
des Pumas und überhaupt der meisten großen Raubtiere,
denen echte Religiosität einfach nicht zugetraut werden
kann. Lachhaft! Die und religiös! Und dringlich ist deshalb
ferner auch die rücksichtslose Ausmerzung und Kondemnation der argen Anakonda, der greisengesichtigen Fledermaus (Dröscher, a.a.O., p. 115) sowohl als auch gleich der
Gespensterfledermaus, im Volksmund genannt Vampir, sowie all der anderen nächtlichen Krachmacher mit ihren z. T.

ganz horriblen Reiß- und Schneidezähnegebißchen. Und unvoreingenommen näherzutreten ist hier abermals der Frage der Affen und – eigentlich horribile dictu – angeblich so menschenähnlichen Primaten mit ihrem angeblich so menschenähnlichen Genstrukt und ihrer IQ-Nähe zum Menschen. Was Ammenmärchen, was eine ungewollte Spätfolge des tollgewordenen Charles Darwin! Nein, ihre Himmelsbewerkstelligung sollte auch hier und heute wieder und wieder überprüft und ggf. revidiert werden. Wenn da doch schon Tiervater Brehm zu bedenken gab, wie so einige Primatenarten nicht nur wegen ihrer faultierhaft üppigen acedia, sondern gleichfalls »wegen ihrer Unanständigkeit« als »Hausgenossen nicht zu ertragen« sind und nämlich »jedes (!) sittliche Gefühl fortwährend (!!) in der abscheulichsten Weise (!!!) beleidigen« – dann: sind sie natürlich für GOTT erst recht nicht zu ertragen und ihm eine Ewigkeit lang zuzumuten –

– und A. Brehm wußte, von was er redete. Und noch vor dem Gorilla, vor dem Rhesusaffen gilt das nämlich besonders für die meist hochgelobten Binobo-Schimpansen. Wer da z. B. im Frankfurter Affenhaus diesen Macaca mulatta zusehen muß, wie sie, noch während sie triumphierend ihre Apfelsinen verdrücken, dem Interessierten zähnefletschend und dabei seltsam indifferent etwas vorrammeln und die Bäuche aneinanderreiben, um dann wieder ein bißchen zu masturbieren oder gar einen Haufen zu setzen, daß es schon ganz aus ist – der ahnt, daß dieses Tier das Wort »Anstand« nicht zu kennen scheint, nein, es kann dieser wohl schamloseste u. böseste aller Affen, der typische mulattische Kacker halt, seinem betrübten Schöpfer im Sinne eines gemeinsamen ewigkeitlichen Hausstands gleich noch weniger gefallen als uns – zerknirschten Herzens möge auch er in die Hölle rauschen, Gott sei seiner armen Seele gnädig.

Überhaupt sind es gerade die weltlich versierten Tiere wie auch das Wiesel oder der Otter, die sich Drüben evtl. harttun dürften. Der Gottesstaat ist nicht von dieser Welt, wie nicht nur der Hl. Augustinus weiß, sondern auch der Geier, die Heuschrecke und auch die muskulös durchtrainierte, sportlich topfitte Tüpfelhyäne noch bald genug erfahren werden. Und Gleiches trifft eben auch zu für die meisten Schimpansen, bei all ihrer famosen genetischen Menschen- und damit vermeintlichen und die Nase hochtragenden Gottähnlichkeit. Jane Goodall berichtet eben nicht nur von Fällen achtbarer Intelligenz und vorbildlicher Empathie und Kranken- und Altenfürsorglichkeit; sondern z. B. auch von einem untergeordneten Männchen, was einen leeren Blechkanister fand, damit großen Krach schlug und damit zum Herdenboß aufstieg (vgl. den Fall G. Grass und die von ihm allzu lang dominierte Gruppe 47). Neinnein, dies im Verein mit allerlei von J. Goodall gleichfalls überlieferten »wilden Tänzen« kann keinesfalls im Sinne der Himmelsordnung und des angeblich uns dort erwartenden ewigen Friedens sein und kann mit Gewißheit nicht als Ausdruck der übergroßen Freude beim Anblick der visio pulchrissima sine fine durchgehen – gar zu stark waltet offenbar in manchen und gerade in den höchstästimierten Primaten schon das Laster der Hoffart, wo nicht der Hybridität, nebst dem noch verdammenswerteren und sehr gottlosen Irrwahn der gar zu stolzen Mäkelsucht (Ketzerei) sowie der gedankenlosen Masturbation. Gerichtet seien sie am großen Morgen.

Keineswegs noch ganz einheitlich immerhin scheint die Lage geregelt bei den Pferden. Die betuliche Legende vom treuen und genügsamen Ackergaul wird kontrapunktiert und konterkariert, ja korrumpiert durch den Bericht von den wilden, den Mustangs, und es sind laut Ch. Sealsfield

(*Das Cajütenbuch*, p. 30 ff.) »diese Mustangs gewiß die boshaftesten, falschesten Tiere unter all den Pferderassen, die es auf dem Erdenrunde gibt.«

Und Sealsfield, einmal im Schwung, fährt mit seiner Abrechnung zügig fort: »In meinem Leben hatte ich nichts so Wütendes gesehen wie dieses Tier. Es fletschte die Zähne, die Augen sprühten ein satanisches (!) Feuer, einen wahrhaft tückischen Haß«, es sei »wie ein wilder Stier« voll »Heimtücke« gewesen, und dabei auch noch wie eine Ziege »fortkapriolierend« – genug, damit dürfte sich der Mustang das Himmelreich endgültig verscherzt haben; so wie nach Konr. Lorenz (*So kam der Mensch auf den Hund*, p. 64 ff.) in Anbetracht mancher staunenswerter Simulations- und Lügentechniken ja auch die volkstümliche Wendung vom »falschen Hund« keine ganz unstatthafte ist (vgl. auch Erik Zimen u. m. a.); und so wie nach Martin Lindauer (*Botschaften ohne Worte. Wie sich Tiere verständigen*, München 1990) selbst das scheinbar so nette und gemütvolle Glühwürmchen wegen seiner strukturellen Verlogenheit (falsche Morsezeichen usw.) kaum Berücksichtigung erfahren wird noch kann. Hingegen sollen Einsiedlerbienen schon aus Namens- und Analogiegründen jenseits der gewohnten Linnéschen Zuordnung in den Himmel. Entsprechendes gilt weitgehend für die runde Hummel, die ja praktisch eine kleine Schnurrekatze ist.

Sie surre über der Dreieinigkeit.

Ameisen dagegen und hinwiederum werden strikt ausgeschlossen. Geht ihre übrigens auch unter Wanzen sehr verbreitete Mimikry zur Not noch als Notlüge durch und könnte mit einer kleinen Pönitation ihr Bewenden haben oder als negligeabler Fehler im Schöpferplan abgetan werden, so keineswegs ein anderer auch nicht mit Gottschalks Destinationsauslegung wegdeutelbarer Fakt von Kardinaluntugend: Wer wie die Ameise als Harpogoxenus sublaevis auf Erden schon überzeugter Skalvenhalter war oder umgekehrt geborener Sklave; wer als sog. Königin der sog. Leptothorax wahllos erwachsene Mitbürger tötet oder aus dem Nest wirft, der hat füglich im Drüben seinerseits nichts Besseres zu erhoffen. Punktum. Offen dagegen scheint, noch einmal, nach den allerjüngsten wissenschaftlichen Publikationen die alte Saurierfrage: Womöglich waren die bekanntlich vor 65 Mio. Jahren aus noch immer ungeklärten Gründen ausgestorbenen Großechsentiere nämlich nicht nur Warmblüter und in der Folge viel klüger, als bisher angenommen (*Weltwoche*, 24. 11. 94); sondern in der mittelbaren Folge dessen auch gesegnet mit etwas Moral gleichsam in statu nascendi. Es neige die Nemesis also, solange das nicht genauer aufgeklärt ist, ihre Waage wohl nach beiden Seiten: Mag sein, daß der Dinosaurier als Ichthyosaurier sogar eine Prise Religion gehabt hat und also posteriorisch partiell rehabilitiert werden kann – der böse Tyrannosaurier indessen und allerdings diene als ein rechter Teufelsbraten weiterhin zum Höllenfraß oder wahlweise zum Höllenhund. Pereat! Sia maledetto eternamente!

O Traurigkeit, o Herzeleid. Nämlich vorerst gänzlich ungeklärt und theologisch von recht fahler, kalvarientrüber Zwiespältigkeit zeigt sich die Salvationsfrage bei jenen erst unlängst im Lande China aufgefundenen großen Raubtieren aus dem Kambrium (F. A. Z., »Natur und Wissenschaft«, 29. 6. 94), rund 530 Millionen Jahre alte Versteinerungen von Tieren z. B. der Art Anomalocaris canadensis, zwei Meter große, bizarre, in Meeren lebende Räuber mit paläontologisch fast singulären großen Lappen an der Seite des Rumpfes als Unterwasserflügel und mit senkrechten Schwanzflossen zur Steuerung usw. –: man tut gut daran, diesen Gebilden schon wegen ihrer namentlich nachgewiesenen Anomalie den Himmel nicht zu gewähren oder auch nur vorbehaltlich einzuräumen. Eher schon möge, sobald einst der große Morgen anbricht und die Himmelspforten sich öffnen, ein Kamel oder ein Dromedar auf Gewährung eine Chance erhalten – unbarmherzig jedoch sei Gottes Gericht auch fernerhin gegen Schaben, Kakerlaken und die allermeisten Käfer, so wie es 1479 schon der Berner Bischof Benedict im Bannspruch wider die Engerlinge formulierte: »Deines Geschlechts ist nicht gewesen in der Arche Noah!« (zit. nach: *Süddeutsche Zeitung*). Nein, irgendwo ist wirklich eine Grenze, als rechte Hurensöhne mögen Schaben, Asseln, auch Flöhe ohne weitere Umstände in die Hölle fahren. Möge Gott hier nicht gar zu zimperlich sein. Wehret den Anfängen! Principiis obsta! Jawohl, es wolle dieses tolle Ungeziefer unerbittlich schnurstracks in die Hölle krabbeln, auf daß es unter Dach und Fach sei: Au weia, wie da das Feuer qualmt und knistert!

Und Gleiches gilt für Wanzen und für Motten. Der Zornengel Ezrael möge sie vernichten!

Und es deckt sich dies auch vorzüglich mit der nationalsozialistischen Denkschrift aus dem Jahre 1940: »Der Kampf gegen die Vorratsschädlinge muß vom ganzen Volk geführt werden.«

Und also auch von den zuständigen Theologen. Sie namentlich führen nicht schlecht, des alten Texts sich füglich wieder zu entsinnen!

In letzter Zeit häufen sich erneut Fälle von entschiedener Tierbosheit. So warf im August vergangenen Jahres eine Amsel in der Frankfurter Sonnemannstraße nahe der Großmarkthalle einen 45jährigen Radfahrer aus der Bahn und ließ ihn, indem sie plötzlich aus dem Gebüsch heraus auf die Fahrbahn flatterte, gegen ein Auto prallen (*Frankfurter Rundschau* vom 9. 8. 93) – ein dicker Hund für so ein kleines Tier,

erinnernd von fern sogar an A. Machens vorne ausgeführte
Taubenarglist. Im August des gleichen Jahres waren in Tuc-
son im US-Staat Arizona auch wieder Schwärme von
»Mörderbienen« unterwegs und töteten einen Hund, in
Mexiko wird diesen Mörderbienen für die letzten fünf Jahre
sogar der Tod von sage und erschrecke 150 Menschen zur
Last gelegt; aus der neueren Chaostheorie hinlänglich bekannt ist der fraktale Fall jenes scheinbar zarten Schmetter-
lings, der mit einem einzigen Flügelschlag eine ganze Kette
von Unglückskausalitäten in noch zigtausend Kilometern
Entfernung bewirkt –

– überhaupt, ja, bedürfte die Insektencausa einer neuerlichen theomantisch-heilsgeschichtlichen Überprüfung, ja einer neuen konziliarischen Grundtatbestandsaufnahme abseits des bisherigen und zuweilen einseitigen »Wütens der
Theologen« (Melanchthon) pro oder contra; ein Problem ist
es aber, wie gesagt, vor allem und nach wie vor mit den Vögeln. Ob man sie alle reinläßt, oder gar keine. Ich persönlich
plädiere für eine fakultativ-okkasionelle und von Fall zu Fall
selektiv-permutative Lösung. Während die Wachtel mit Sicherheit niemand stört, nämlich als »friedliches« und »un-
endlich niedliches« (F. W. Bernstein, *Wachtel Weltmacht?*)
Lebewesen ganz wie die Graugans Martina das Himmels-
programm nur bereichern kann; man höre nur:

> »Doch die Wachtel ist nur friedlich,
> rundlich und unendlich niedlich;
> sie erweckt nur Sympathie.
> Weltmacht Wachtel wird sie nie!«
>   (F. W. Bernstein, a.a.O.)

– derweil geben, abseits dieser wachtelischen Gottgrundge-
fälligkeit, andere Vögel schon erheblichere Problemstellun-

gen auf. »Kein Fühlender, der nicht vom Gesang der Amsel gerührt würde«, gibt Theodor W. Adorno zu erwägen – schonschon, aber man könnte halt auch sagen, daß wenn diese Vögel schon ihr ganzes Leben im Himmel verbringen, sollen und brauchen sie später gerade deshalb nicht mehr rein. Ein anderes kommt hinzu: So hoch das Lob Adornos für die Amsel, so emphatisch das Bernsteins für die Wachtel, so unüberhörbar auch Beethovens Anerkennung für den Kuckuck (VI,2), die Ravels für die Gans, die Prokofieffs für den Fink, die geradezu schwärmerisch religiöse J. Frhr. v. Eichendorffs und in der Folge Richard Strauss' für die sich wie realsymbolisch himmelhoch schwingende Lerche: – allzuviel ist ungesund, und allzugroß Gezwitscher und lärmiger Gesang zumal. Auch noch die da und dort hochgelobte Nachtigall im Himmel? Respice finem! Des ohnehin schon vielleicht allzu ewigkeitlichen Halleluja und Deo semper gloria et gratias et cetera wäre erst recht kein Ende mehr – und dann auch wieder ein ganz anderer Fall: der Hahn. »Das Streben nach Gottähnlichkeit« (Th. v. Aquin), wie es ja schon Luzifer als Engel (superbia) zu Fall brachte, es möchte auch dem Hahn, dem oft schon allzu stolzen Hahn, gut und gern zum Schaden gereichen, es möge ihn fällen, ja fällen, wie er's braucht. Damit da endlich Ruhe wird im Kuhstall!

Ein abermaliges Wort zum Keuschheitskriterium. Damit kein Mißverständnis entspringe: Kaum einer leugnet heute mehr, daß die beiden Geschlechtsorgane, so da so scheinbar gut ineinanderpassen, offenkundig auch dazu gemacht wurden, ineinanderzupassen; und dies auch und sogar beim Menschen. Allein, berechtigt dies allein schon die Wüstenheuschrecke, Gottes angebl. Weltenplan vorschützend und für sich reklamierend, den ganzen lieben langen Tag zu rammeln und zu nageln und das Seuchzeug ineinanderzu-

stecken und dabei dann auch noch völlig verkeilt herumzu-
flacken (Frankfurter Zoo, Exotarium o. J.)? Und dies sogar
trotz der denkbar allergrößten Hitze? Wir meinen: nein.
Was aber eben diese Höllenhitze schon auf Erden anbetrifft:
Wenn schon nicht, wie Augustinus (XX,19) wähnt, der böse Kaiser Nero; wenn schon nicht die Wüsten- oder auch die
Stabheuschrecke, so ist der von Johannes in der Offenbarung herrlich geweissagte Antichrist Fleisch und Corpus,
wennschon kaum oder nur sehr selten sichtbar geworden,
in jenem Lebewesen zu erspähen und zu erkennen, das sich
aus guten Gründen noch weit besser verbirgt als selbst Aus-
geburten wie das australische Glotzauge und der Mull; ein
Tier, das auf den Namen Crenoten (Pyrodictum occultum)
hört, das nur bei einer Temperatur von 105 Grad Cels. an
den heißesten Meeresquellen vorkommt und gedeiht und
das natürlich auch noch kreuzhäßlich ist wie die finstere
Nacht – notte, perpetua notte –, in der es lebt, in der es sicherlich seit unvordenklichen Zeiten haust und kummervoll
genug vegetiert; vom Herrn praktisch vergessen. Sein Dasein »ist ganz ohne jede Hoffnung, nur in Sehnen lebend«
(Dante, *Inferno* IV), und nicht einmal das. Unschwer, Gottes Heilsplan bei dieser offenbar pyromanischen Occultität
bündig zu erraten: Wer schon 105 Grad terr. gewohnt ist,
der soll gleich bei 300–500 infern. weitermachen.

»Wer es fassen kann, der fasse es« (Jesus).

So ließe sich noch lange weitererzählen. Allein, unsere
Leser zu schonen, möchten wir hiermit dieses Kapitel, die
mit Gewißheit unerquicklichste Abteilung dieses Buchs, be-
schließen.

Unklare und Sonderfälle

Ob Tiere wie die Bisamratte (Ondatra zibethica) oder die rare Biberratte (Hydromys chrysogaster) oder auch der australienbeheimatete Ameisenigel in den Himmel aufgenommen werden können bzw. sollen, die Frage also, ob dies im Sinne der christlichen Sache überhaupt opportun und, allgemeiner noch, wünschenswert und in einem herkömmlichen common sense sachdienlich sei, denn letzterer Ameisenigel sieht zwar aus wie eine Distel, und man könnte ihn also dort zumindest als Zimmerschmuck (Zierat) verwenden, andererseits ist er eines der primitivsten Säugetiere überhaupt; und wie diesen noch keineswegs seine ferne Verwandtschaft mit dem Igel, so salviert jene, die Biberratte, noch keineswegs der lediglich ja im Sinne der nominalistischen Suggestion überrumpelnde und Affinität vortäuschende Gleichklang mit dem braven und hochstehenden Biber:

Die Frage einer präzisen und zuverlässigen Regelung im einzelnen krankt als eine in der Tat theologisch schwierigste, ja heikelste, noch immer am Fehlen einer halbwegs verbindlichen oder gar exkathedrialen und ergo unbedenklichen Aussteuerung im Grundsätzlichen. Noch immer, voilà, haben wir auf diesem moraltheologisch so diffizilen wie erkenntnistheoretisch doch so relevanzgesättigten Felde die Spätfolgen weniger Augustins als des Albertus Magnus und vor allem die seines besten Schülers, Thomas von Aquin, zu beklagen. Wenn heute in einem vorgeblich aufgeklärten Buch, wenn in einer angeblich auf dem aktuellsten Stand der Wissenschaft operierenden Neuerscheinung wie H. Küngs *Ewiges Leben* (1992) zwar serienweise Sätze zu finden sind wie »Der Himmel des Glaubens ist kein außerweltliches Drüben: kein Himmel im metaphysischen Sinn; kein Ort, sondern eine Seinsweise« (p. 184 f.) und ähnliche unlautere, genaugenommen häretische Sprüche und exkommunikationswürdiger Unfug – kein Wort aber über den Himmel der Nichthominiden, id est der Tiere zu erspähen ist im ganzen dicken Buch: dann haben wir es abermals und zweifelsfrei mit einer – so signifikant wie epatant gerade für diese modernistisch aufgeklärten Theologenkreise der postkonziliaren Schule – mit jenem ganz offenbar noch immer unterschwellig, ja subkutan nachwirkenden und schon erheblich gestreiften Thomizentrismus zu tun, für welchen alle Wege nicht so sehr nach Rom (im Gegenteil, dieser Küngsche Konflikt mit dem Papst schwelt noch immer fort), so zum immer noch die Summe der Theologie verkörpernden Thomas führen; in diesem Fall zu seinem himmlischen Tierverdikt, zur Himmelsrefusion für Tiere ohne Wenn und Aber.

Einem, wir erwähnten es schon, weniger grundgesetzsteinernen, als einem offenbar versteinerten, ja verkrusteten, buchstäblich petrifizierten Denkverbot. Die Pluralität des mittelalterlichen Intellektuellenlebens, wie es Kurt Flasch 1987 in seiner *Einführung in die Philosophie des Mittelalters* (Wissenschaftliche Buchgesellschaft, Darmstadt) wie in manchen anderen seiner recht schätzenswerten Bücher und Bochumer Vorlesungen so kenntnis- wie facettenreich dar- und vorstellt: sie sollte endlich das Zeug dazu haben, im Zeichen eines allseits und rastlos reklamierten oder doch

fast unbesorgt insinuierten »Neo-Mediävismus« eben diese geradezu selbstreferentiell finstere Mittelalterlichkeit jenes nachgerade atavistischen Thomizismus zu überwin-
den und hinter sich zu lassen – auch in der allgemeinen
Tier-, auch in der Himmelsfrage; und dies auch und gerade
als Korrektiv hinsichtlich der fatalen Tübinger Küngschule
und des im Zeichen der Deinigertheologie mit der schon
vorgenannten Kuhnrezeption sich ankündigenden und
angeblich bereits überall abzeichnenden Paradigmenwechsels.

Allerdings schweigt sich auch der im Mittelalter hochan-
gesehene Traktat *De caelesti hierarchia* (um 500 post Chr.
nat.) des berühmten Dionysius Areopagita, eines frühen
Monisten und Mystikers, zum Tierproblem freilich gänzlich aus; jedenfalls indirekt verweigert und refüsiert er den
Tieren sogar den Eingang, indem auch er sie in keinen seiner dreimal drei himmlischen Chöre plaziert. Tunlich ist es
deshalb, getrost auf das vertraute Buch Henoch aus dem
3. Jahrhundert ante Chr. nat. zu rekurrieren, auf seine Beschreibung einer Reise ins Jenseits, nämlich nach der sog.
resurrectio mortuorum, der Levitation (Aszension) also von
Fleisch und Geist, nämlich nach der Bewältigung des »Zwi-
schenzustands« (oft: Refrigerium Interim; auch: locus refri-
gerii) zwischen Tod und gemeinsamer Auferstehung des
Fleisches – jenem volkstümlich auch häufig mit »Abrahams
Schoß« bezeichneten Erfrischungs- und Erquickungsraum
also, den man aber um Gotteswillen keineswegs mit dem
Kinder- und Heidenlimbus einerseits, mit dem glühenden
und sengenden Purgatorium andererseits verwechseln darf
noch auch nur sollte.

Jenes verläßlich den Himmel bereitende Fegefeuer als den
»mittleren Ort« gibt es nämlich selbst für Augustin und seinen Gottesstaat noch gar nicht, es kann also logisch auch

nicht der gemäße Ort für Tiere und ähnliche Kreaturen sein,
auch dann nicht, sofern sie ein einigermaßen tugendhaftes
und allenfalls mit läßlichen Sünden beflecktes Leben geführt
haben. Ein leichtes ist oder wäre es natürlich umgekehrt,
solche Tiere, die da ein lasterhaftes oder sonstwie ver-
dammliches Leben abgestattet haben, sofort in die Hölle zu
tun und ungespitzt dem Inferno zu überantworten; wobei
dem Hunde, Löwen usw. seine Sünden (des Beißens, Zer-
fleischens usf.) im Sinne des Apostels Jakobus gleichwohl
billig vergeben werden können durch die guten Werke der
Wohltätigkeit (Blindenhundtätigkeit, zähes Schlittenziehen,
Schnapsfäßchentragen um den Hals seitens der dito Schweizer Bernhardinerhunde) gemäß der Schrift und im Sinne der
Äquivalenz sowie des allgemeinen Interessenausgleichs im
Geiste der die heiligmachende Gnade vereinnahmenden
christlichsozialen Güterabwägung. Allein, recht insgesamt
scheint es doch so zu sein, daß Tiere, auch in den unanfechtbaren Offenbarungen ihrer theologischen Gönner, so oder
so nicht, ja nie und nimmer in den von Gott seinen heiligen
Engeln vorbehaltenen »Feuerhimmel« (caelum empyreum)
empor sich zu schwingen vermögen, ja womöglich auch
gar nicht wollen – offensichtlich aber doch in den fünften
oder sechsten Himmelskreis über und oberhalb unseres irdischen Jammertals, dort, wo sie auch von der divina intelli-
genzia nicht mehr verschreckt und gar versengt werden.
Selbst Katzen, so präferiert, wie gezeigt, ihre Stellung im
Himmel, ästimieren ja sehr wohl die Wärme, keineswegs
aber allzu große Hitze. Und ihre Intelligenz liegt, das haben
jüngere Tierversuche mit logisch-räumlichen Denkveran-
staltungen gezeigt, doch deutlich unter dem der besseren
Äffchen. Analoges gilt mit an Sicherheit grenzender Wahrscheinlichkeit für den Intelligenzbedarf der deutschen Hauskatze.

Aye-Aye

Oder auch Fingertier. Obwohl ein Verwandter des Katta-Lemuren,
ein theologisch äußerst heikler Kasus

Grundsätzlich sollte sich Gott bei seiner Entscheidung
über die Aufnahme gerade in den offensichtlichen Sonder-
fällen nicht vom bloßen Augenschein leiten lassen, will er es
nicht zum Zerwürfnis kommen, will er sich nicht später
entsprechende Vorhaltungen machen lassen. Der sog. Tas-
manische Teufel z. B. ist, anders als der böse Beutelteufel (s.
Kap. »Non placet«), viel harmloser, als er aussieht und als
sein Name klingt. Das ca. 40 Zentimeter große Tierlein ist
zwar ein Raubbeutler und hat eins der stärksten Gebisse in
der Welt der Säugetiere, es sind diese Zähnchen auch sehr
berüchtigt wegen ihrer Blutgier und Angriffslust (Ernst
Arendt und Hans Schweiger, *Tiere vor der Kamera. Die
Nächte der Tasmanischen Teufel*, Grimme-Preis in Bronze
1990); allein mit dem Teufel in extenso respective eo ipso

haben sie strukturell gar nichts zu schaffen und verdienen sogar als Verfolgte, welche auf der Insel südlich von Australien letzte Zuflucht gefunden haben, umgekehrt eine Art Entschädigung und unverhoffte Wiedergutmachung durch eine nahtlose Erringung des Himmels.

Auch bei scheinbar gemeinen Aasfressern wie Hyäne, Schakal und Geier und ähnlich verdrießlichen Existenzen sollte nicht vorschnell pro oder contra abgeurteilt werden, schließlich machen sich diese Tiere immerhin im Sinne einer ökologischen Hygiene einigermaßen verdient, auch wenn ihr Charakter nicht der alleredelste zu sein scheint; es sollten diese zweischneidigen und z. T. verkniffenen Tiere, bis die Sache geklärt ist, vielleicht erst mal besser dem Purgatorium (Reinigungsfeuer) überantwortet und anvertraut werden – und Gleiches oder doch Entsprechendes gelte für Breitmaulnashorn, Spitzmaulnashorn, Topi und Weißbartgnu; indessen das Chamäleon, obschon es prima facie der »Sippschaft des Teufels« (Aug., *De civ. Dei* XXII) anzugehören scheint, vielleicht gerade wegen seiner wandelbaren und auf den ersten Anschein hin sogar tückischen Grundgesinnung im Sinne des Glaubens beeinflußbar sein müßte und fürs erste also noch nicht mit dem Äußersten zu rechnen hat.

Theologisch nicht ohne Problematik noch Pikanterie sind die in der Natur recht häufigen Fälle von Augenscheinsirrtümern (Errata) oder auch Scheinverwandtschaften. Der in 5000 m Höhe auf dem afrikanischen Hochgebirge lebende sog. Klippschliefer gleicht zwar eher dem Murmeltier, ist aber in Wahrheit ein ferner Verwandter des Elefanten und schon von daher natürlich, von seinem niedlichen Aussehen und pummeligen Gang einmal abgesehen, vor dem Höllenfeuer gefeit und praktisch aus dem Schneider. Gestreift ward schon der so zoologisch frappante wie mit-

hin theologisch kitzelige Fall des Fliegenden Hundes, der als
Fledermaus mit den ewigen Flammen, als Hund aber mit
dem Himmel zu rechnen hätte (wir persönlich plädieren für
item: Purgatorio); aber auch bei einem theologisch scheint's
so geläufigen Tier wie dem Luchs ist seitens Rom gar nicht
leicht eine Entscheidung zu finden, ob er, als die Quasiver-
sion des »deutschen Puma« (*Bunte Illustrierte*, 1994) und also
als grundböser und bluttriefender Räuber verdammt werden soll – oder ob ihm seine genetologische und archety-
pisch-phänomenologische Verwandtschaft mit der bereits
rundum geretteten Hauskatze schon sensu strictu und per se
zur Resurrektion, Assumption und Redemption verhilft; re-
flektierend womöglich auch auf Jesaias' Prophezeiung, daß,
wenn und sobald der Erlöser kommt, Lamm (i. e. Lamm
Gottes, Christus) und Löwe beieinander liegen möchten.
Allerdings, Jesaias, notabene, redete vom Löwen – nicht
vom Luchs. Unser Vorschlag zur Güte: Sofern ein Luchs
sein ganzes Leben lang niemals Kinder, Christen und Wür-
denträger angreift, sondern nur und lediglich altersschwa-
che Rehe, Gemsen, Hasen, Mäuse und Marder, um diese zu
verzehren (dreieinhalb Kilo Fleisch pro Tag, a.a.O., p. 83),
dann sollte Gott den Fall nicht ungeprüft lassen und möglichst unvoreingenommen zur Entscheidung vorantreiben,
dann möge hier halt in Gottesnamen Gnade vor Recht er-
gehen, und einer Aufnahme des Luchses steht vorerst weiter nichts mehr im Wege; wobei man über die Regularien
en détail noch genauer reden müßte.

Verwahren sollte, ja muß sich Gott dagegen gegen den
unberechtigten Einlaß der Eidechse und des Olms und
Molchs sowie überhaupt gegen die dahinterstehende, ja
-lauernde falsche Barmherzigkeit, welche aber einer wohl-
bedacht überlebensfähigen Himmelsordnung ebenso wenig
weiterverhilft wie der Sache der z. Z. wohl etwas ge-

schwächten, immer aber noch durchaus wehrhaften Ecclesia militans, insofern nämlich als Eidechse, Olm und Molch in Wahrheit nichts anderes als die böse Schlange, Wolf im Schafspelz also, ist bzw. sind, die volle Wahrheit zu sagen: der Teufel, der arglistig über diese Hintertür in den Himmel wieder hineinmöchte, aus der er soeben noch herausgeflogen ist, mit altgewohnter abgefeimter List erneut dort Unruhe und Aufruhr zu stiften – wir aber durchschauen seine List und zertreten und erwürgen ihn auch in der Gestalt der Eidechse, des Molchs und Olms mit großer gottgefügter Kraft und Klugheit.

Und Gleiches gilt letztlich auch für die (ARD, 6. 2. 95) im Fernsehn gezeigten greulichen Großechsen der Komodowarane, jahrmillionenalte bösartige und verfressene Höllenausgeburten, an deren angeblich weitgehende Humanisierfähigkeit durch den »Kuß der Drachenfrau« (i. e. ihre Betreuerin) ungeachtet der scheinbar objektiven Filmfotos wir nicht zu glauben vermögen. Denn dies hieße ja auch noch den widerlichen neuseeländischen Dornteufel (auch Moloch horridus!) zu berücksichtigen und zu erheben, einen wahrlich schrecklichen und bizarren Schelm, der, schlimmer als sein Spießgesell, der Beutelteufel, auch noch täglich 7000 Ameisen verfrißt. Was ihn aber auch nicht entlastet. Sondern »vom Erdboden verschwinden« (A. Hüttler) möge er! Wenn auch keineswegs in unsern Himmel!

Hingegen kann, gleich dem Nashorn, das Nil- oder Flußpferd (Hippopotamus amphibius) trotz und ungeachtet seiner schon durch den Namen ausgewiesenen Nähe zu Amphibien und Schlangen, sofern es trotz seiner Nacktheit hinreichend keusch und katholisch lebt, sehr wohl Aufnahme finden; ist es doch keineswegs, wie noch A. Brehm töricht wähnt, ein »Unthier«, ja »der Gottseibeiunsselber«; sondern, wie Hiob sofort korrigiert, »das erste von Gottes Ge-

schöpfen«; und es vermag also trotz seiner Schwere sehr
wohl den Himmel zu bewältigen, um IHN zu schauen »von
Angesicht zu Angesichte« (Hl. Paulus); und Gleiches mag
zutreffen für Wasserbüffel, Bison, Bisam, Bilch und die
schon vorne gestreifte keusche und so vorbildlich monoga-
me und treue Graugans (s. bei Lorenz, Dröscher u. a.); wogegen allerdings ein Selbstmörder wie der Lemming natürlich beim besten Willen nicht in den Himmel befördert werden kann, nein, kein Zweifel, keine Gnade, der Lemming
darf da als solcher gar nichts mehr erhoffen – es sei denn,
eine kühn und modern gesinnte Theologie machte für den
Lemming salvationsspekulativ und arbeitshypothetisch seine schließlich zum Massensuizid führenden Wanderungen
geltend im Sinne einer – vergleichbar dem Kasus des Katta-
Lemuren – romantischen Sehnsucht nach dem »Anderen«
(Max Horkheimer), nach dem christlichen Gott also im
Sachsinne der vorerörterten Voluptastaufe. Jawohl, in diesem Falle könnte der Lemming Gnade finden und schließlich eben doch noch Eingang durch die schon sehr schmale
Pforte – umgekehrt spricht gegen eine Erhebung und Aufnahme des Katta-Lemuren in möglicher Revision des vorne
Gesagten übrigens vielleicht doch dies: »Bevor sie zur
Nachtruhe kommen, lärmen sie in den Bäumen noch eine
Weile« (Horst Bielfeld). Ihre lauten und sehr schauerlich erscheinenden Stimmen sollen dabei wenig einnehmend sein
und kaum für ihre Levitation und Himmelspräsenz einste-
hen – eher schon wieder dies, daß sie sich am Morgen »mit
ausgebreiteten Armen an der Sonne wärmen« (ebd.), ähnlich Goethes Ganymed. Weniger daß sie deshalb von den
Eingeborenen für »heilig« gehalten werden, sondern dieses
abermalige Realsymbol von Begierdetaufe macht nun doch
wieder Punkte für den Katta. Insgesamt und grundsätzlich
und in allen Sonder- und Zweifelsfällen möge deshalb gel-

ten: Nomina odiosa sunt. Und Namen oft nur nominali-
stisch. Es war für Joachim von Fiore (gest. 1202) ein »ferner
Gott« im sog. »Dritten Reich« (Flasch, p. 240 ff.), der da
nicht selten sehr einsam seine Entscheidungen traf und
trifft, sehr einsam und sehr fern, ganz anders als jener Fr.
Hölderlinsche, der da als ein mehr griechisch-christologi-
scher »nah ist, doch schwer zu fassen« – und wenn Fr. Höl-
derlins naher Gott weit vor Küng und der Tübinger Schule
wesentlich als ein ins Christusmäßige transvariierter Diony-
sos-Bacchus sich kundtut und offenbart, so Joachims ferner
als der der in dem besagten Dritten Reich eben essentiell in-
kludierten Historisierung der schon älteren Trinitätsdoktrin
im Sinne von Geschichte als Heilsweg zu vollendeter Liebe
(a. a. O.) und jenseits des leidigen Nominalismusstreits des
frühen Hochmittelalters – was aber heißt das für unsere
Spitzentheologie correcta corrigenda: für unseren Spezial-
tierkonnex und seine ganz besonderen Problemformulie-
rungen und sukzessiven Sonderquästionen?

Nun, als durchaus himmelsfähig wider den allerersten
An- und Augenschein könnte, so will uns dünken, das Krokodil sich erweisen, auch im Sinne der späteren *Ästhetik des
Häßlichen* des Hegelschülers Karl Rosenkranz (1805–79),
weil nämlich z. B. auch das Krokodil »die Unförmigkeit sogleich zu mildern vermag« (ebd.) und etwas Lachen und
Schmunzeln ja auch im Himmel (Gottesreich) nicht schaden
kann. Andererseits stellt Rosenkranz deutlich und ganz un-
dialektisch fest: »Gewisse Quallen, Sepien, Raupen, Spin-
nen, Rochen, Eidechsen« (hatten wir gerade schon!), »Frösche, Kröten, Nager, Pachydermaten, Affen sind positiv
häßlich«, da hilft auch kein Lachen und kein ästhetischer
Paradigmenwechsel weiter, diese Tiere sind also apriorisch
nicht zu retten und also auch nicht befugt, weder das nahe
noch das ferne Himmelreich zu erreichen – es mögen diese

und solche Tiere also darnach trachten, wenn schon nicht
das hohe Caelum empyreum, so doch die untersten Ränge
oder wenigstens den nicht so genau umkränzten oder jedenfalls begrenzten Limbus zu erklimmen, vor allem Affen sind
ja als gute Kletterer bekannt – theoretisch dagegen ohne
weiteres das Paradies (Himmelsglück) erlangen könnte u. E.
die häufig übersehene und verachtete Meerechse Ambly-
hynchus auf Galapagos, welche sich ja auch ausschließlich
von Wasser und Unterwasseralgen ernährt und insofern keinen Vorwurf verdient. Auch wenn sie dabei die gesetzlich
vorgeschriebenen Fast- und Abstinenztage nicht immer ein-
hält. Desgleichen könnten erhört werden die Meerotter En-
hydra sowie (auch hierin ist Rosenkranz zu widerstehen) die
Qualle – menschenfressende und überhaupt fressende Pflanzen dagegen können nicht hoffen, irgendwo muß ja nun
wirklich eine Grenze (Limit) sein.

Unter den Meeresbewohnern hinwiederum möge das
Walroß wie Wal und Roß separat auch schon deshalb Berücksichtigung und Begnadigung finden, um wie bronzene
Löwen zur Linken und zur Rechten Gottes zu sitzen; während die wie die deutsche Nationalmannschaft schwarzge-
musterten Sattelschweine im Himmel sehr gut als Ministranten fungieren können. Allein, vive la petite différence:
Das gleichfalls schwarzweißgestreifte Zebra darf wegen –
mitnichten eine quantité négligeable – seiner allzusehr dem
manichäischen Schwarzweißdenken verhafteten Streifung
gerade nicht. Oder erst eben nach, haha, längerer Ab-
waschung im Fegefeuer oder jedenfalls im Refrigerium, in
Abrahams Schoß. Honni soit qui mal y pense.

Überdenken füglich möge Gott noch einmal die definite
Berücksichtigung der Wale, deren gar zu »gewaltige Erek-
tionen« (ZDF, 26. 2. 95) im Zuge der generell fast abnor-
men sexuellen Schlagkraft insbesondere der Schwertwale

alles bisher Dagewesene in den Schlagschatten stellt – »Vor-
gänge dieser Qualität« (Generalvikar Eugen Kleindienst,
Augsburg) können nun mal kein Beispiel geben. Es wolle
sich der Weltenrichter eine abermalige Überprüfung nicht
verdrießen lassen, zumal die französische Krankheit im
Neuen Jerusalem (i. e. Tochter Zions) nichts zu suchen
hat – verwahren aber muß sich der Herr direkt gegen die
Aufnahme des (hier hat Rosenkranz vollkommen recht) Pachydermaten und der Raupe. Und unabhängig vom noch
immer unselig schwelenden Konflikt Abaelard vs. Bernhard
(s. bei Rinser u. a.) jedoch gelange selbstverständlich nichtsdestoweniger und gegen alle denkbaren Einwände (Jin Xuqi
und Markus Kappeler, *Der große Panda*, Luzern 1986) letztlich der Pandabär wenn auch nicht als Seraphim ins Paradiso, so doch in den himmlischen Bambusgarten, a) wegen
seiner Niedlichkeit, b) wegen seiner vorbildlichen Scheu
(Keuschheit), c) wegen seiner deshalb allzeit traurigen Augen und d) weil der derzeitige Weltbestand überhaupt nur
noch (3SAT 27. 11. 94, 17.30 Uhr, »Begegnungen im Wild-
reservat Wo long«) ca. 6000 beträgt und der Panda deshalb
schon als Rarität Bewahrung erwirken mag; was aber ist generell beim Sonderproblem der aussterbenden, der schon
ausgestorbenen und der ganz alten Tiere zu beachten?

    Nun, der sogenannte hüpfende Igel der Urzeit (Macro-
cranion tenerum) zum Beispiel als das erste Tier mit Sta-
chelkleid aus der Grube Messel (F. A. Z., »Natur und Wissenschaft«) ist als ein vor 50 Mio. Jahren in Mitteleuropa an-
sässiges und besonders zartes Tier vielleicht ein Fall für den
Limbus; die noch älteren Tiere aber, also aus dem Kambrium und z. T. Präkambrium, Tiere also von 550 Mio. Jahren
und noch älter, sehr bejahrte Lebewesen also wie jene Ar-
thropoden und arthropodenähnlichen Kreaturen, welche auf
Namen wie Wiwaxia und Opabinia hörten, schalentierför-

mige Animula also, aus welchen dann eine knappe Milliarde
Jahre später letztlich der Mensch hervorging (Stephen Jay
Gould, *Zufall Mensch*, 49,80 DM); unsere letzthinnigen
(man möchte es kaum glauben) Stammeltern also: diese
Tiere stellen vor allem das weniger theologische als teleolo-
gische und »logozentrische« (Dietmar Dath) Zirkelproblem
dergestalt, daß wenn sie schon erlöst sind, dann sind sie
schon erlöst, wo nicht, dann hat es jetzt wohl auch keinen
Wert mehr, und wir brauchen uns auch nicht mehr länger
mit ihnen abzugeben. Desgleichen zu verfahren hat man
grundsätzlich, und hier mehr aus räumlichen denn aus zeit-
lichen Gründen, mit Viren und Protozoen, mit jenen Mi-
kroorganismen also an der Grenze des Lebens und aus dem
Wunderreich der Mikroben, wunderlichen Geschöpfen wie
etwa auch dem schon vorne vorgestellten und bei 105–110
Grad an den Schwefelquellen des Mittelmeers lebenden und
sich dabei sogar stramm vermehrenden Pyrodictum occultum –: Die Frage betrifft als nominell theologistische Quaestio im z. T. lutherisch reformierten Sinne Melanchthons
auch nochmals den Dinosaurier, denn wenn er jetzt nach 65
Mio. Jahren noch nicht im Himmel ist, dann wird er es auch
bis zum Jüngsten Tag nicht schaffen, und wir weisen dieses
Problem hier als unlösbar also endgültig zurück. Nämlich
als eine von Gottes hinlänglich und sattsam bekannten
Schrullen, Protuberanzen und moralethischen Abschwei-
fungen. Nicht herumdrücken dürfen wir uns aber vor
den allerjüngsten Erkenntnissen der Paläontologie, welche
(F. A. Z., »Natur und Wissenschaft« 29. 9. 94) den Homo
sapiens definitiv auf 100 000 v. Chr. definiert, den Homo
erectus habilis (i. e. Homo rudolfensis) dagegen auf 2 Mio.
Jahre rückdatiert, den Australopithecus afarensis (»Lucy«)
samt seiner Spaltung in eine Paranthropus- und in eine
Homo-Linie gar auf schöne 2,5 Mio. Jahre – und als das älte-

ste fossile Zeugnis aber den Australopithecus ramidus auf
4,4 Mio. Jahre; womit Erzbischof Usher mit seinem
Schöpfungsjahr 4004 v. Chr. ja irgendwie gar nicht so falsch
lag.

Daraus ergibt sich: Ob Lucy, ein noch halb äffisches, halb
menschliches Wesen, in den Himmel kommen kann, sei dahingestellt. Das Gorillamädchen Koko jedoch vermag es
durchaus. Denn einerseits biß es in Jähzorn und »weil wü-
tend« kräftig seine Pflegerin und Sprachtrainerin Penny (c/o
Dieter E. Zimmer, *So kommt der Mensch zur Sprache*, 1986);
in seiner Affensymbolsprache brachte es aber am anderen Tage glaubwürdig zum Ausdruck, es wisse nicht mehr, warum
es so zornig gewesen sei. Und deshalb: »Koko leidtun beißen« (Francine Patterson, *Conversations with a Gorilla*, 1978).

Und eben das beweist nicht allein, daß ein Äffchen auch
bei einer nur läßlichen Sünde durchaus christlich Reu und
Leid erwecken und also die grundsätzliche Himmelskondi-
tion erfüllen kann (nihil obstat). Hierin sollte Koko ihren
Kollegen auch durchaus Vorbild sein, solche Demut »sollte
man von einem Affenbaby schon mal auch verlangen können« (Dr. Heino Jaeger).

Im übrigen sei vor allzu kühner Eilfertigkeit bei angeblich
schon »Ausgestorbenen« erheblich gewarnt. Der 11-Zenti-
meter-Gecko und Kleindrache Rhacodactylus ciliatus schien
seit M. Guichenots Bericht von 1866 längst verschollen und
ausgestorben und nur noch totes Kapital von Lehrbüchern
– was aber entnehmen wir jetzt der F. A. Z. vom 24. 2. 95?
Ha! Daß er in Neukaledonien wiedergefunden und nach
128 Jahren in alter Frische bei einer Pressekonferenz im
Frankfurter Zoo auch schon wieder der Öffentlichkeit vor-
gestellt wurde. Heureka! Heureka und hurra! Willkommen!

Und wir ihn also von daher auch ohne weiteres erlösen
können.

Schwieriger zu behandeln sind die Grenzfälle zwischen
Tier und Pflanze wie der Borstenwurm, der Seeigel, der See-
stern, der Dreikronenseestern oder gar das Plankton bzw. das
Zooplankton. Grundsätzlich dürfen sie alle hinein oder jedenfalls können sie hineindürfen, sofern sie sich »anständig«
(R. Linser) aufführen und Gott nicht andauernd necken oder
gar schmähen, sondern sich wenigstens stillschweigend verhalten. Während, von ihren anderen Verdiensten abgesehen,
beim festlichen Trompeten im Himmel außer dem Elefanten
nur allein die Graugans zuständig und befugt ist (Lorenz/
Heinroth, *Briefwechsel*, p. 204) – zum Dabeizuhören immerhin der »abgrundblöde Adler« (Heinroth, ebd., p. 170).

Im Kern zugelassen und konzessioniert sei gleichfalls der
wenn auch zuzeiten recht verschlagene, ja hoffärtige und
boshafte Waschbär im Verein mit dem oft allzu ausschwei-
fenden Ameisenbären, insofern beide ein zuverlässiges Imago Dei (Bild Gottes) im verbindlichen Sinne Plotins und der
gültigen Frühscholastik sind, gleich (und vorerst die Frage
zurückgestellt) ob in ihnen das zuweilen sich sträubende
Böse (Haare, Fell) hier Substanz oder nur bloß leeres Akzi-
denz ist. Vor dem Hintergrunde jener habituell negativen
Theologie, welche mystisches Denken einst als docta ignorantia zu bezeichnen pflegte, stehen gar nicht so schlecht da
auch die Aussichten des normalen Gnus und der Klippsprin-
ger-Antilope; indessen der Esel, ganz konträr zu seinem
eselhaften Imago, nicht nur wegen seiner »geforderten Präsenz« (G. Polt) bei der Krippe zu Bethlehem Verstand be-
wies, vielmehr weit darüber hinaus auch nach dem Zeugnis
von 4. Mose 22,21 ff. Klugheit, ja Sapientia auf die Waage
brachte und nämlich den Engel des Herrn im Wege stehen
sah – im Unterschied zu Bileam. Es sei ihm deshalb zumindest ein besonntes Plätzchen in den unteren Etagen eingeräumt und zu seiner Zufriedenheit gewährt.

Strauß

Hat Chancen höchstens für Abrahams Schoß (Limbus)

Das Problem der Vögel ist, wie vorne schon mehrfach bestätigt, kaum grundsätzlich, sondern nur wenn nicht okkasionell, so doch in der Regel fakultativ zu entscheiden. Die Wachtel z. B. hat nicht allein, wie ausschweifend gezeigt, im reifen F. W. Bernstein einen starken Fürsprecher, sondern auch schon im *Jahreszeiten*-Zyklus von J. Haydn und seinem Textchef Gottfried van Swieten: »Dem Gatten ruft die Wachtel schon«, heißt es in frohem F-Dur nach glücklich überstandenem Gewitter – ähnlich Gutes hört man von der Drossel, vom Finken, von der »dunklen Schwalbe« (Brahms-Candidus op. 72,1) sowie vom Pfau, von welchem Augustinus im *Gottesstaat* sogar berichtet, daß dieser, im Unterschied zu Plato, nicht verwese:

> »De carne non putrescente pavonis
> Cum putruerit et Platonis«
>
> (c. 7 n. 2)

– und es ist dies abstruse Histörchen (Flasch, p. 121) als purer Reimunfug zwar scharf zurückzuweisen, natürlich verwest der Pfau und wird zu seiner Strafe deshalb auch nicht erlöst, sondern mit Fug in die Stockfinsternis gottlob verdammt – günstiger löst sich das Problem da schon wieder für den Mississippi-Alligator. Nämlich von selber. Nämlich er ist, anders als der Rhacodactylus- Gecko, praktisch wirklich ausgestorben. Und merke (Zeitmaschine hin und her) wohl: Von nichts wird nichts. De nihilo nihil fit. Das weiß auch Gott und walte Gott.

Anders als die »fliegenden Fische« (E. Jünger, Steglitz 1938) kann durch eine Sonderregelung Einlaß finden der selten zu sehende Trauersteinschmätzer, ein Vogel, der als Architekt über die ungewöhnlichen Nestbauqualitäten seiner Gattung sogar dem großen Biber nahe kommt; nämlich

pro Brutsaison bis zu zehn Kilo Steine zusammenschleppt,
und diese ganze Plackerei offensichtlich zu dem alleinigen
Zweck: »Dem Weibchen zu imponieren« – ein L'art-pour-
l'art-Verhalten, das da in seiner ganz hirnrissigen idée-fixe-
Haftigkeit sogar den Allmächtigen zu verwundern und ihm
evtl. zu gefallen vermag – man sieht: Es ist schon so, wie
Neil Gaiman und Terry Pratchett (*Good Omens*, New York
1990) ganz recht zusammenfassen: »Gottes Wege sind nicht
nur unerfindlich, sondern führen durch ein Labyrinth, in
dem selbst er sich zu verirren droht« (p. 151), in den von
ihm selbst einst ausgelegten teuflisch dialektischen Schlin-
gen also – und am Ende glaubt man gegen Albert Einstein
gar noch, daß Gott vielleicht doch würfle, wenn er selbst
ein so böses Tier wie den pottwiderlichen (und steindum-
men!) Springteufel (Dämonus rotundis) in den Himmel
springen läßt, wie man hört; wahrscheinlich nur, um etwas
Abwechslung und Buntgesinnung in den Laden zu bringen,
denn im Grunde ist Gott halt auch nur ein sehr arm- und
mühseliges Lebewesen, das sich sein Dasein nicht ganz ver-
gällen, sondern sich's etwas gemütlich machen will – in diesem Fall der saltierenden Salvation des Springteufels spräche allerdings auch nichts mehr gegen eine Entnazifizie-
rung, pardon: eine Entsühnung und Entsündigung des (vgl.
loc. cit. schon vorne Kapitel »Kondemnationen«) schwer-
ster Verfehlungen schuldig gewordenen und von ihm, dem
Grundgütigen, ja selbst längst schuldig gesprochenen australischen Beutelteufels –

– des Bösesten vom Bösen mithin; womit sich Herders
Ahnung »Alles Böse ist ein Nichts« in allerdings schon fast
gar zu unchristlicher Weise bewahrheitete.

Es wäre die erwiesene Farbenblindheit der Bienen im
Prinzip noch kein Anlaß zum Gotteszerwürfnis noch ein
echtes Himmelshindernis. Als geschickte Wachsarchitekten

könnten die Bienen im Himmel auch für allerlei Ausbesserungsarbeiten an den Hochaltären u. ä. brauchbar werden und zum Einsatz kommen. Es mahnt der Biene (Imme) moralisch hochstehender und beinahe schon katholisch zu nennender Altruismus bei der Verteilung des Honigs aus ihrem Magen auch recht himmelswürdig. Allein, ist der spezifische Duft der »Königinnensubstanz« (K. v. Frisch, a.a.O.) nicht doch einer, der besser draußen, ante portas bleiben sollte? Und kann man bei einem ganzen Volk von 40- bis 80 000 Individuen wirklich noch mit Goethe von der »Insekten frohem Völkchen« (Suleika, »Was bedeutet die Bewegung«) sprechen, wenn auch die Bösen und Grundbösen (»Stecher«) mit hineinrücken – und von der Nachfolgekönigin, einer Mörderin katexochen, als Erlösungsaspirantin zu sprechen wagen? Eindeutiger, ja vollends entschieden immerhin scheint der Fall des dritten Bienengeschlechts, der Drohnen. Die Drohnen, »gefräßig, dick, faul und dumm« (Wilh. Busch), dürfen auf gar keinen Fall mit rein.

Nein, anders als der Mississippi-Alligator, wird sich die Drohne, und wenn sie noch so flehentlich und händeringend bittet, wohl oder übel mit dem Gedanken an ihre ewige Verdammnis vertraut machen müssen. Es soll der HERR da ruhig mal ein Machtwort sprechen.

Unter den seit der Steinzeit, ja praktisch seit Abrahams Geburt von der Erde verschwundenen Tieren möge indessen als Sonderfall der nahe bei Amberg im fränkischen Jura aufgefundene und vorstellig gewordene Sollnhofener Urvogel (Archäopteryx) Aufnahme finden, damit Gott immerhin an diesem einen Fall immer unverwandt vor Augen hat, was er angerichtet hat in seiner Hast; bewahrt werden möge unbetrübt auch mindestens ein Exemplar des Kirkdickick, schon wegen seines hochraren Namens; und ähnlich motiviert möge der annähernd tigergestreift gelbliche

Quokka von der australischen Insel Rottnest schon deshalb
in den Himmel kommen, damit wenigstens auch ein Tier
mit »qu« drin ist.

Wenn schon nicht die böse Qualle.

»Die tröstliche Versammlung der Tiere« (Brigitte Kronauer, *Die Frau in den Kissen*, p. 185) zu vermehren, ja möglicherweise ins abermals Bedrohliche hinein zu eskalieren, sei-
en auch der Strudelwurm, der Seeringelwurm zugelassen sowie auch der gemeine Regenwurm (s. Horst Hermann Zie-
gelasch, *Der unbekannte Regenwurm. Ein praktischer Ratgeber*,
Tuttlingen 1984, in einer Neubearbeitung von H. H. Z., *Der
Regenwurm*, 1987), denn siehe, nicht allein »Wollust ward
dem Wurm gegeben« (Friedr. Schiller), sondern per Angel-
haken ist auch seine Schmerzfähigkeit meint: Nachfolge
Christi nachgewiesen – dagegen soll der sog. Lachende
Hans, ein australisches Vogeltier, gerade wegen seines ulkigen Aussehens und Namens nicht rein und vielmehr an der
bronzenen Pforte wie der Nacktmull abgewiesen werden –
nein, nur ein äußerst verantwortungsloser Gott könnte diesem Nacktmull, diesem heimtückischen und darüberaus mit
allen Wassern gewaschenen Tier in den Himmel verhelfen!
Nein, wenn dieses gottlose und von leerer Hoffart geblähte
Tier, wenn selbst dieser pottgrauenhafte Nacktmull, der ja
noch viel schlimmer und ärger ist als die charakterlich fast
gleich schmutzige und aber noch ungleich hoffnungsrauben-
dere Wüstenheuschrecke – wenn selbst noch dieser Nacktmull, auf den der Kirchenbann herniederfahren möge, in den
Himmel kommt, dann solle der Mensch, wenn er noch
irgend Stil und Stolz hat, seinerseits verzichten.

Ich jedenfalls werde!

»Das äußerst Träge«, was lt. B. Kronauer (a.a.O., p. 188)
die Menschen mehrteils an den Tieren im Zoo und also auch
im Himmel suchen, sei ebendort, und ohne daß ein wirkli-

ches aktives Gnadenverdienst in effecto und quasimodo vor-
läge, vertreten durch die Seeschildkröte; und das Schräge
durch die größte mitteleuropäische Fledermausart, das Maus-
ohr mit seinen unvorstellbar lauten, bebop-artigen, ja heavy-
metal-dröhnigen Ultraschallschreien aus dem Kehlkopf –
hoffentlich ist da die Trinität selbst ein bissel schwerhörig, ha!

Refüsieren und dann schleunigst füsilieren sollte man bei
seiner Ankunft selbstverständlich das Tier Su, ein Wesen
zwischen Mensch, Hund und Ziegenbock, also »das aller-
scheußlichste Tier, so kann gesehen werden in der Neuen
Welt« (Conrad Gesner, *Historia Animalum*, 1563); höchst
heikel zu entscheiden ist aber auch der Kasus des sog. »Hüh-
nermenschen«, wie ihn 1735 eine Frau aus Taucha bei Leip-
zig in der 36. Schwangerschaftswoche totgeboren zur Welt
brachte, wie ihn als »Monstrum Humanum Rarissimum«
der Leipziger Arzt Gottlieb Friderici beschrieb und wie er
bis zum heutigen Tag wegen des unschön deformierten
Schädels und der krallenähnlichen Zehen des im Naturalien-
kabinett Waldenburg in Spiritus konservierten Fötus die höheren Naturwissenschaftler beschäftigt (F. A. Z., »Natur
und Wissenschaft«, 6. 7. 94). In den Himmel kann das
Kind, obschon es keine sichtbaren Genitalien aufweist, natürlich sowieso nicht; anders als totgeborene Wolfsmen-
schen vermag das Verblaßte allerdings auch nicht an einem
schönen Ort untergebracht und beherbergt zu werden, maßen, wie sich jetzt herausgestellt hat, es sich um ein Mäd-
chen handelt, was da die Natur Kurioses bewerkstelligt hat.
Möge Gott auch diesen Fall im Sinn seiner unerforschlichen
Gnade und docta ignorantia zu lösen trachten und dieses
rare Individuum evtl. in seinem caelum cristallinium unter-
bringen, also in der, wie Kennern bekannt, über Empedok-
les hinaus quinta essentia knapp über den Fixsternen, aber
etwas unterhalb der Claritas des Empyreums (nach Hart-

mann Schedels *Weltchronik*) – hinzuweisen ist allerdings an
dieser Stelle reinlichkeitshalber darauf, daß man es bei der
weiblichen Gebärmutter keineswegs, wie einst Plato und
z. T. vermutlich selbst Freud noch glaubte, mit einem Tier
zu tun hat. Sondern mit einem Organ.

Nicht leicht zu entkräften dagegen jenes aktuelle Problem, das uns abschließend, kurz angedacht, beschäftigen
soll, der Fall nämlich einer neuentdeckten Baumkänguruh-
Art von den Bergen der fernen Insel Neuguinea, ein putzi-
ges Tierchen ohne Scheu vor den Menschen, welches die
Eingeborenen »Bondegezou« (»Mann der Gebirgswälder«)
nennen und, laut AP-Bericht, als »heilig« betrachten. Nun
wäre davon nicht viel Aufhebens zu machen, denn dem Inder z. B. sind außer seinen Kühen neuerdings sogar die Rat-
ten »heilig« (*Der Spiegel*, 43/94, p. 183), was natürlich gro-
ber Unsinn ist. Andererseits sei hier so angelegentlich wie
final zu bedenken gegeben, daß ja auch den schon mehrfach
vorgeführten madagaskischen Katta-Lemuren nicht bloß
gleichfalls die Eingeborenen »heilig« nennen; sondern daß
diesem, wie wir gesehen, angesichts seiner pantheistisch fei-
erlichen Sonnenbegrüßung und seiner anmutsvoll parareli-
giösen Bewegungen und frommen Himmelsblicke eine gewisse – Michael Schmaus' kategorial verbindliche Abgren-
zungen des Begriffs (*Kath. Dogmatik*, 1953 ff.) hin und her
– protochristliche Heiligkeit, bei Lichte besehen, ja schwerlich abzudingen ist.

Man tut wohl gut daran, deshalb auch den Bondegezou
sehr scharf im Auge zu behalten und seine eventuelle Heiligkeit im Sinne der vorgeschriebenen Prozeßordnungen einer
im Lauf der Zeit immer genaueren Prüfung zu unterziehen,
ehe man seine Satisfaktion oder gar Kanonisation einleitet
und erfolgreich durchsetzt. Das letzte Wort habe hier wie
anderswo und in jedem Fall Joseph Kardinal Ratzinger.

Gnadenerweise

»Die unteilbare Dreieinigkeit wird an den Straßenecken in Stücke geschnitten. So viele Doktoren, so viele Irrtümer; so viele Auditorien, so viele Skandale; so viele öffentliche Plätze, so viele Gotteslästerungen.«

Derart führt bewegte Klage Stefan von Tournai (zit. bei Jacques LeGoff, *Das Hochmittelalter*, Frankfurt am Main 1965, p. 160) ca. Ende des 12. Jahrhunderts n. Chr. darüber, wie weit es die damals überhandnehmende theologisch-erkenntnistheoretische Dialektik inzwischen und noch weit über Petrus Lombardus, den berühmten Schüler von Hugo von St. Victor (gest. 1141), hinaus getrieben hat, und dies nicht allein in der damals besonders bedrückend hochschwelenden Transsubstantiationsfrage des Abendmahls, jetzt auch teilweise unter arabisch-aristotelischem Einfluß; und die sehr skandalösen Irrtümer bestehen und wirken fort bis in jene kirchenpolitische Gegenwart unserer Tage, in welcher das berühmte »Tübinger Schweigen« (Heribert Klein in der teilweise selber gespaltenen F. A. Z.) am heftigsten Antwort und Auskunft erheischt, aber am wenigsten verheißt; päpstliche Infallibilitas hin und her und pro und contra. Dabei erhebt sich die Frage heute theologisch fordernder und dringlicher denn je, ob Tiere überhaupt, und spräche auch sonst wenig gegen ihre Assumption und Divinisation, im Grundsatz den Anblick Gottes ertragen können; ja, ob sie, noch einen Schritt weitergedacht, der visio beatifica als Zentralgeheimnis aller benedictio der Väter überhaupt teilhaftig werden – wollen! »Tiere wollen erlöst werden«, beschwichtigt eine der populärsten Theologinnen unserer Tage, Brigitte Kronauer (a.a.O., p. 232), und folgt damit, obschon überkonfessionell und rein humanistisch argumentierend, im Kern Luther, wenn dieser nicht lediglich als die eigentliche Heimat der Tiere den Himmel betrachtet, sondern dabei außer den nominell erhörten Schafen, Ochsen und Fischen grundsätzlich auch, man staune, Ameisen und Wanzen (!) von der Ewigkeit im Himmel nicht ausgegrenzt sehen möchte – allein, was heißt das, und zwar weit über die Unfehlbarkeitsdoktrin von 1870 einerseits und das fast allzu vielbeschworene Zweite Vaticanum andererseits hinaus?

Allora, ungeachtet Descartes' angejahrter, ja bemooster, in weiten Kreisen aber immer noch kurrenter Meinung, daß Tiere per definitionem – per definitionem, was ein skurriler, ja vitioser Zirkelschluß! – keinen Verstand und keine Seele hätten (De L'homme, 1664; zu Recht veröffentlichte Descartes den haltlosen Unfug erst mal grad postum), ungeachtet solcher bis heute übelst nachwirkenden Legenden, Mythen und Atavismen stehen sich Tiere diesbezüglich auch in anderen als den altabendländischen Kulturkreisen nicht eben zum besten: tun sie sich auch z. B. im Buddhismus mit seiner Zweiteilung von Sansâra (Wandelwelt) und Nirvâna nicht leicht; tun sie sich insbesondere in der Ethik des »Kleinen Fahrzeugs« unbeschadet aller Affenschulen (v. Glasenapp, p. 56) recht hart, in den Himmel zu kommen, vor allem die schweren Tiere wie Büffel, Wisent, Rhinozeros (Nashorn), Gnu usw., von den Sauriern fast zu schweigen, obwohl diese ja z. T. sogar fliegen konnten (ein alter Wunschtraum von Papst Paul VI., der sich in seinem Amt in der Vatikan-

stadt diesbezüglich sogar eine Bastel- und Hobbykammer
einrichten ließ!); aber als Angehörige mehr des Alten Testaments waren sie erlösungstheologisch da natürlich sowieso
im Nachteil, Flügel hin und her und pro und domo.

Voilà, Gott mag sein Vishnu, mag sein Shiva, mag sein
Benamucki oder eben unser Sebaoth: Zwar gilt weiterhin
im Sinne der heterodox dualistischen Yin- und Yang-Lehre:
»Wenn eines von Gottes Geschöpfen vom Teufel versucht
wird, so ist Gott selbst die Gelegenheit gegeben, die Welt
neu zu erschaffen« (Arnold J. Toynbee, *Der Gang der Weltge-
schichte*, p. 114) – so aber der Teufel Gott versucht, was, fragen wir, ist dann?

Genug, ob Tiere himmelsfähig werden mehr im Sinne einer »Phantasiereligion« (Toynbee, p. 638) oder einer inten-
tionalen Begierdetaufe (vgl. Kapitel »Placet«) oder eben
mehr im in extenso alttestamentarischen Sinne der Arche

Blindschleiche

Kann, wiewohl Schlange, in den Himmel aufgenommen werden

Noah als der archetypischen Imago des Willens Gottes, der
auf ein Überleben (Survival) eben auch der tierischen Kreatur hinzielt: Deus et natura nihil faciunt frustra, nein, die
Natur und ihr Gott, soviel steht fest, machen nichts für die
Katz – und deshalb möge diese auch ihren angestammten
Platz haben, im Himmel wie auf Erden, sie, die da ja auch
zuweilen wie die Juden als Brunnenvergifterin verfolgt und
gebrandmarkt wurde – aber nicht nur sie, sondern auch das
Schwein und der Eber, sofern er seine Notdurft gut ver-
scharrt, während, das Sakrum gebeut es, Beutelteufel und
Nacktmull dran glauben müssen. Allein, es gibt, wir haben
es gesehen, auch Grenz- und Sonderfälle, solche, die der
Läuterung, der Fürbitte der Heiligen und zuweilen – schon
der Hl. Augustinus wußte es – sogar der »Begnadigung«
(XXI,23) bedürfen; dies ganz unabhängig von der im Grunde ja doch nur die altplatonische Idea-Lehre reaktivierende
Nominalismusdebatte des Dr. Peter Abälard (gest. 1142;
s. Rinser u. m. a.) und ihrer heute oft schwer einsehbaren
Dialektik als bloße Propädeutik, gerichtet im wesentlichen
und vor allem in der *Logica* ganz offen wider seinen Haupt-
widersacher Wilhelm von Champeux (gest. 1121) und dessen fast fatale Tendenz zur Verdinglichung.

Um keine unnötigen Mißverständnisse zu bewirken: Der
Idee der Begnadigung sind allerdings Grenzen gesetzt. Ein
Nacktmull wird niemals das Himmelreich beschreiten,
partout nichts zu bestellen hat dort die Kaulquappe, und
einer harten Bewährungsprobe ausgesetzt sieht sich die im
Grunde freundliche Gesinnung Gottes auch im Fall etwa
der eigentlich verdammenswürdigen gemeinen Hausratte.
»Überall findet das Schaf Freunde« (Berthold Chales-de-
Beaulieu, *Tiere diesseits, Tiere jenseits*, p. 51), »hüben und
drüben ist dieses liebe Tier Herde«, das wisse er, der Autor,
»aus meiner Jenseits-Erfahrung« (p. 53) – verdient aber auch

der hirnlose Frosch gleich dem von Luther schmeichelhaf-
terweise präferierten Hunde der Heiligen Fürsprache und
endlich unbeanstandete Begnadigung? Gar die gar zu geile
Weinbergschnecke? Wird sie auch im Weinberg des Herrn
bestehen können oder immerhin nicht weiter auffallen?

Nun denn, die Gnade des HERRN ist endlos, fast unend-
lich, praktisch uferlos, des seid gewiß. So inakzeptabel eigentlich Klapperschlange und Kreuzotter schon aufgrund
ihres verrucht satanologischen Kontexts: bei Gott ist kein
Ding unmöglich – und deshalb haben selbst Bison und Bisam, werweiß, noch gute Überlebens- und sogar ausrei-
chend Redemptionsaussichten. Nicht allein der mopsfidele
Mops wird von Gott eigentlich contra legem wahrscheinlich berücksichtigt und darf sein Heu heimbringen – selbst
die bekannten Ungezogenheiten des Marders sowohl als der
Krabbe prallen ab an Gottes allesverzeihender Güte, des seid
immer eingedenk. Und während noch bei J. Dante im
32. Gesang des *Inferno* die Sünder sich in Eis begraben finden, derweil dürfen heute in der Folge des 2. Vaticanums
selbst Eisbär und Eisvogel und selbst die prima facie (meint:
bloßer Augenschein) vollkommen gottlose Meerkatze auf
Begnadigung (Beatifikation u. a.) hoffen und es sich derweil
gutgehen lassen. Was natürlich im Grunde lachhaft ist, denn
recht eigentlich, streng genommen, hat, unter uns, keins
dieser Tiere diese Begnadigung und in der Folge herrliche
Himmelsassumption de jure verdient, weder im Sinne Wojtylas (»Nennt mich Karol, das ist netter«, 14. 1. 95) noch
gar Franz Kafkas, naja, höchstens dessen arg gehetztes Tier
aus der bestrickenden späten Erzählung *Der Bau*, jenes, das
von einem anderen und sehrsehr bösen Tier vor lauter
Angst in immer filigranere und raffiniertere Schacht- und
Stollenbauten gedrängt wird usw.; vorausgesetzt, wie gesagt, es ist nicht ein Nacktmull. –

Ein Maulwurf dagegen mag durchgehen und coelestische Satisfaktion erlangen, um zum Fähnlein Gottes (unter Ign. v. Loyola) zu stoßen und seiner unumschränkten Royalität sine fine zu dienen, als einfacher miles der ecclesia militans ohnegleichen und dies auch heute noch und lang nach dem überaus schmählichen Augsburger »Religionsfrieden«; desgleichen das Känguruh, die Beutelratte und die australische Beutelmaus; ja sogar der falsche Bär (Koala), obwohl ein Tier von, wie man hört, enormer, ja besorgniserregender Boshaftigkeit, kann u. a. vor dem Hintergrund seiner allg. Sympathieerweckungskraft als Sonderform der Caritas, i. e. seit alters Jenseitsvorsorge sowie auch im Sinne der wünschenswerten Präponderanz der Säuge- oder doch Wirbeltiere in Gottnähe Erlösung verhoffen und wenn schon nicht in die unmittelbare Anschauung Gottes (visio beatissima), so doch jedenfalls an Sonn- und Feiertagen bzw. im Rahmen des jeweiligen Kirchenjahrs (anno santo) unter Umständen und unter Erfüllung gewisser Conditiones und Bedingungen und allerdings unweigerlicher Ablaßzahlungen als Entgelt für seine mannigfachen Sündenstrafen immerhin »ein Stück weit« (Engholm, a.a.O.) in den Himmel kommen.

Möge Gott ihn nicht ganz verschmähen; und umgekehrt.

Wobei wohlgemerkt jenes »reine Licht«, welches als Erlebniskonstante beinahe aller befragten Menschen mit Todesnäheerfahrung (Dr. med. Melvin Morse und Paul Perry, *Zum Licht*, 1990) einsteht und das einsehbarerweise als Symbol für »Wahrheit« (p. 136) ausgelegt werden muß, von Tieren und für Tiere bisher nicht bezeugt wurde und vermutbar wird – es ist dieses reine Licht, wie man heute zu wissen vermeint, möglicherweise auch mehr ein gehirnphysiologisches Phänomen zerfallender Neuronalstrukturen beim Exitus als bereits der unter Freuden geschaffte Einstieg

ins Himmelreich; und das gleiche gilt natürlich auch für die
»herrliche Musik«, welche dieses »himmlische Licht«, wie
man weiß, begleitet und von der Prof. Albert Heim im *Jahr-
buch des Schweizer Alpenclubs* von 1892 restlos begeistert berichtet. In Erinnerung zu bringen ist in diesem Zusammenhang auch das Faktum der mit natürlichen Verstandsmitteln
gleichfalls nicht mehr erklärbaren »Sterne vor den Augen«;
dahingestellt sei hier indessen nochmals, ob Tiere dergleichen Phänomene gleichfalls und ähnlich ausschweifend erleben; und begnadigt sei aber für alle Fälle seitens der Trinität
schon mal das Pferd Hans (F. A. Z.-Magazin, 18. 11. 94),
weil es, wiewohl Kaltblüter, so »gern arbeitet« (ebd.); ferner das an sich verdammenswerte vietnamesische Hänge-
bauchschwein, insofern es nämlich aussieht wie ein gegen
einen Baum chauffierter und zerdetschter VW-Käfer – diesem Tier also das Himmelreich zur Entsühnung und diesem
umgekehrt das Schwein zum immerwährenden Gaudium
und zur steten Kicherreizung; schließlich selbstverständlich
auch und jenseits einer ex cathedra definitistischen Lösung
des allg. Hundeproblems jener sehr brave Schäferhund, so
am 20. 7. 1986 ca. 10.55 Uhr nahe der Kreuzung von B 14
und B 85 bei Sulzbach-Rosenberg ein entlaufendes Klein-
kind errettete, indem er, den bereits lebhaften Sonntagsvor-
mittagsverkehr derart gleichsam regelnd, dem Kinde ein
paar Meter schützend vorauslief, ehe endlich Hilfe eintref-
fen konnte (Genaueres: s. E. H., *Kleine Poesien*, p. 88).
  Die vielleicht schon allzu hohe Giraffe? Sicher, auch unter
Giraffen hat es inkonsistente, ja ambiguische Charaktere,
gewiß, und durchaus auch manche Pumas und Alligatoren
gehören zivilrechtlich zu den zumindest unklaren und un-
regelmäßigen Fällen, allein auch die Genannten mögen in
Gottes Namen erhört und entsühnt und da und dort in den
Himmel vorgelassen werden, sofern sie nicht herumranda-

lieren; und das gleiche gelte und gilt im Kern auch für die
Zecken (Holzbock), so gemein sie an sich sind. Immerhin,
wenn sie hungrig sind, klettern sie bis zu 5 Meter hoch zum
Licht empor – jawohl, auch diese Haltung der Zecken kann
man zur Not als Begierdetaufe durchgehen lassen und die
Zecke durch die schmale Himmelspforte. Sofern sie sich
dann gut aufführt und nicht dauernd aufmischt. Denn das
hält kein Mensch eine ganze Ewigkeit lang aus. Geschweige
denn ein Gott.

O Tod, wie bitter bist du! Gram und Furcht fesseln entsprechend auch den tierischen Sinn, und doch ist vielen, ja
den meisten das Himmelreich samt Ewg. Leben wenn nicht
sicher, so doch letztinstanzlich häufiger gewährt und nicht
verwehrt als früher präsumptive angenommen. Das von
Herodot berichtete ägyptische »häßliche Tier«, von dem er
sagt: »Wenn es sich nicht mehr verteidigen und nicht mehr
flüchten kann, läßt es, teils aus Bösartigkeit, zum Teil aus
Schlauheit gegen seinen Widersacher einen gewaltigen
Wind fahren« (Laurence Sterne, Brief vom 10. 11. 1741,
s. David Thomson, p. 159): Auch dieses Tier, weil Gott
heute gut aufgelegt ist, sei immerhin nicht ganz chancenlos;
sondern vermag, sofern es von seiner Unart und sonst.
Sündhaftigkeit und heidnischen Gesinnung und Zauberei
abläßt, dereinst auffahren in aller Herrlichkeit, werweiß mit
einer reinigenden Zwischenstation in halber Höhe – man er-
innere sich ja doch tunlichst auch immer wieder jener strukturell aposteriorischen, aber überaus luziden Geburt des Fegefeuers als christlicher »Sozialidee« (Martina Wehrli-
Johns), wie sie sich, als Sonderfall neben Hölle und Limbus
und aber anerkannter Teil der terra mortuorum, erwähnt
bereits von Gregor von Tours, definitiv 1170 in Paris an
der Kathedralschule von Notre-Dame, vollzogen und fest
etabliert hat: – als Reinigungsfeuer (Purgatorium u. a.) zwi-

schen Tod und Gericht; bestätigt und global anerkannt v. a.
von Petrus Lombardus und durchgesetzt sodann ab ca. 1200
mit Papst Innozenz III. und dem 4. Laterankonzil als zustän-
diger Ort für läßliche oder halbschwere oder leichtfertige
Sünden bzw. resp. für noch nicht ganz abgeleistete Sündenstrafen (Ablaß) und Bußen und nur neunmal heißer als
Normalfeuer (Jezler, p. 133); offiziell endlich festgeschrieben
auf dem berühmten und unvergessenen Konzil von Lyon
1274 und nämlich ab sofort konzessioniert als dritte Möglichkeit des Wegs zum Himmelsheil. Von ihr sollten manche
Tiere viel mehr Gebrauch machen als bisher, und Gott wolle sie umgekehrt häufiger in Betracht ziehen bei Zweifelsfällen statt des oftmals gar zu vorschnellen Gnadenerweises,
wie er ihm häufig schlecht gedankt wird. Wobei dito jenen
tierischen Poenitenten im Purgatorium vorgezogene und
präferierte Satisfaktion werde durch deren Reklamation
vorgewirkter Werke der Barmherzigkeit im terrestrischen
Bereich (Blindenführung, Krankenaufheiterung usf.); vor
allem im Sachsinn des franziskanischen Seelenheils durch
Armut und gute Verrichtungen, welches im animalischen
Genre natürlich vornehmlich auch die in der wallisi-
schen Schweiz tätigen Bernhardinerhunde betreffen mag;
hier sind die Konditionen besonders vorteilhaft, das Purgatorium möglichst zu umschiffen oder doch zu verkürzen,
nachdem und weil ja praktisch alle Tiere Barfüßer sind.

Über diesen Strang sollten viele von ihnen versuchen, das
Himmelreich ja doch noch zu gewinnen; indessen bei all seiner List der Satan (Teufel) leer ausgeht!

Die Teufelsnamen aber nochmals lauten laut P. Henoch
u. a.: Azazel, Mastena, Beelzebub, Beliel, Duma, Sier, Sal-
mael, Dadreel, Engel von Rom, Samael (später: Samiel),
Asmodeus, Mephisto, Luzifer, Gottseibeiuns, Monsignor
und Iblis. Ihre Zahl wird vom Kardinal Bischof von Tuscu-

lum als jetzt auf 133 306 668 angestiegen angegeben. Es stehen diesen aber gottseidank 266 613 336 Engel als himmlische Heerscharen und Streitmacht gegenüber (M. Godwin, p. 80), für jeden Mann also zwei.

Das mag genügen.

Zurück zu den propädeutischen Grundlagen eines wesentlich neuplatonisch strukturierten Geistes (nus). Laut dem arabischen, aber von Aristoteles geschulten Philosophen Al-Farabi (gest. 950) lenkt und bewegt der Intellekt (par excellence) den ersten Himmel; die aus ihm hervorgehenden Intelligenzen steuern die je einzelnen Sternsphären. Die zehnte Intelligenz z. B. ist für die sublunarische Welt (Flasch, p. 272) verantwortlich – hier, in dieser, könnten die Tiere ja u. U. gleichfalls durchaus Funktion und Auskommen finden. Dem Mönchssittich dagegen, wiewohl Vogel, sei, wundere sich einer noch, schon deshalb Gnade und Akzeptanz, wegen seines mönchisch-sittigen Namens jetzt gewährt und eingeräumt. Und weil schon Konr. Lorenz am 29. 12. 32 – die Machtergreifung stand knapp bevor – Oskar Heinroth berichtet: »Das Christkind hat vier Mönchssittiche gebracht« (loc. cit. iste, p. 127).

Doch genug davon.

Im übrigen hat, wie erörtert, noch kein Tier nachweislich oder doch mit wissenschaftlich ausreichender Wahrscheinlichkeit von seiner Begegnung mit diesem »reinen Licht« der Todesnähe berichtet. Also was soll's. Und hätte ein Tier es gesehen, es hätte ja doch den Symbolgehalt nicht erfaßt.

Aber das nur nebenbei.

Unter Gnade (ahd. »ginada«: »Hilfe, Schutz«) verstehen wir primär eine spezielle und eigentlich immer unverdiente Huld und auch Zuwendung Gottes (Brockhaus, Bd. 2, 1993, p. 94) gemäß der Schrift (z. B. Römer 3,21–30) und den Beschlüssen des Konzils von Trient (1545–63); letzteres

akzentuierte aber auch unverkennbar die Mitwirkung des
Menschen bei diesem Gnadenakt (sog. Selbstbegnadigung).
Begnadigung (lateinisch: Amnestie oder auch Abolition)
meint im sakralen wie sodann auch im profanen Reich eben
diese Dynamisierung des positiven Rechts, etwa in Form
des Gnadenerlasses oder des freien Geleits z. B. für Zwick
oder auch die Baader-Meinhof-Bande (s. bei Anna Kathari-
na Böll, 1970 ff.) nach dem in Juristenkreisen geltenden
Prinzip: in dubio pro libertate; jedenfalls nach zehn oder
fünfzehn Jahren Haft (Weizsäcker). Heftig zu insistieren ist
hier allerdings und in allen Fällen auf dem unverzichtbar in-
tegralen und keineswegs nur akzidentiellen Merkmal des eigentlich Unverdienten aller Gnadakte und -erweise und
insbesondere der spezifisch göttlichen (Prof. M. Schmaus,
Katholische Dogmatik, a. a. O.). Denn selbstverständlich hat
kein einziges Tier die Begnadigung Gottes wirklich verdient, geschweige denn gar den Eingang ins Reich. Weder
ein so ungeschlachtes Untier wie der Kaffernbüffel noch der
giftige Skorpion, weder der inferiore Gecko noch der
nichtsnutzige und üppig geblähte Plumplori. Gleichfalls das
Faultier kann uns natürlich kein Vorbild sein und hat im
Himmel eigentlich nichts verloren, und von Rechts wegen
müßte es natürlich für die Schleiereule hands off heißen:
Allein, in Erinnerung zu bringen ist auch hier bei diesen
scheinbar aussichtslosen Fällen wider den unerquicklichen,
letztlich inhumanen und gar zu hurtigen Höllenfeuerglau-
ben als nämlich das autoreferentielle opus diaboli (a. a. O.)
die christianische und sei's säkularisierte »Utopie Hoffnung« (L. Rinser u. a.), bei welcher teils geoffenbarten Versicherung sich Zweifler, Grübler und andere Häretiker endlich beruhigen mögen; und die sinngemäß auch für Tiere
gilt, sofern sie geläutert antreten, sauber gewaschen (gerei-
nigt) sind und auch sonst nicht auf- und ausfällig werden.

»Le beau Dieu« (Flasch, p. 14) wird im Zweifelsfall nicht allein die Wale und Delphine, sondern auch berüchtigte Räuber wie Haie und Schwertfische und andere Vertreter der
»Meeresbodenkriminalität« (Prälat Heino Jaeger) durchrut-
schen lassen, desgleichen durch kombinierte Abolution/Ab-
solution den Wolf und egalweg sogar die Gottesanbeterin,
welche ja immerhin ihren Namen von daher weghat, daß
sie oft wie betend beide Ärmchen hochhebt. Und der Satan
wird erneut schon abgetan. Und es hören der Gute Gott
und seine Helfershelfer ja auch durchaus, so wie im human-
medizinischen Bereich auf die Fürsprache der Heiligen,
auch im animalischen auf Petitionen wohlhabender und ver-
dienter Bürger, notfalls sogar aus dem bereits erlösten Tierreich selber, doch, Gott läßt zwar, wie man heute weiß, seiner nicht spotten, aber andererseits, was Augustinus in dem
Sinn noch nicht wußte und wissen konnte, durchaus mit
sich reden und nimmt ja selbst teilweise jene Tiere zu sich
und auf, die er vorher dem Rinderwahnsinn anheimfallen
ließ: Jetzt aber, post mortem, läßt ER sich überzeugen, gibt
klein bei und nimmt alles auf, was Rang und Namen hat,
was zu ihm kommt und schwer beladen ist, nimmt es auf
und läßt es rein, »zum Zeichen der Gnade« (H. Jaeger,
Metzgerei), Herrn Satanas zum Hohn. Und dies gilt für
praktisch alles Getier. Nicht nur für Karpfen, Hechte, Delphine und Wale, jene also, die da schon von D. H. Lawrence
mit »Göttern« gleichgestellt werden, ja beim Geschlechter-
verkehr mit »Erzengeln der Verzückung« und mit »Seraphi-
men« und endlich sogar mit der allerdings heidnischen
Aphrodite ins Benehmen gebracht werden. Sondern auch,
wie und von wannen dereinst der große Morgen anbricht,
sogar für Krokodile, Buntbarsche, Stubenfliegen, Viren,
Bakterien, für die Feldmaus und selbstverständlich auch die
Habermaus. Klar doch, auch die Habermaus. Jawohl, auch

ihr werde vollständige Redemption. Denn siehe und begreife möglichst: »Den Heiden«, teilt P. Bahners in der F. A. Z.
freihändig ungebeten mit, »ist nach dem Wort des Paulus
das Gesetz ins Herz geschrieben. Ratzinger hat mit Habermas mehr gemein als Habermas mit Rorty.«

Ich aber, Leser, stecke dir gleichwohl vertraulich: Und
genau deshalb darf, ungeachtet all seiner Ungezogenheiten
in der Menschen- und werweiß Gottesnachahmung, auch
der Papagei mit rauf, jener der Magd Félicité aus G. Flauberts Erzählung *Un cœur simple* (1877). Weil er ja praktisch
schon der Hl. Geist ist, also Gottes starkes Echo.

Und beinahe Identisches gilt für den in Mexiko beheimateten und von A. v. Humboldt mitgebrachten Larvenmolch
namens Axolotl. Er sieht zwar auch weißgott wie der Teufel aus, ist aber nicht nur wegen seiner »spaßhaften Gestalt«
(Alfred Brehm) zu begnadigen; sondern gerade wegen seiner schon unermeßlichen Abscheulichkeit und also Heilsbedürftigkeit – ja ist nicht der rare Name dieses Tiers
wie der seiner Heimat (Popocatépetl, Citlaltépetl, Ixtaccihuatl usf.) fast wie eine inkludente Erlösung, eine Levitation
von Erdenschwere und auch -pein? Nein, der Axolotl muß
mitnichten in der Hölle brodeln, zumal »bei gesunden Tieren die Schamlippen blaßrot eng aneinander liegen« (*Raoul
Tranchirers vielseitiger Ratschl.*, Gießen 1983) wie ein Symbol
der Morgenröte – möge Gott also einvernehmlich mit dem
Geist et cum angelis et archangelis den Braven in Gottesnamen halt erhören.

Fleischfressende Pflanzen? Hm, die nun doch nicht. Irgendwo muß eine Grenze sein, auch bei der Gnadenzuweisung. Mögen sie denn, wenn schon nicht in die Hölle fahren, dem Schönen Orte zugeliefert werden.

Was aber ist schließlich mit dem bis zu 25 cm langen
Altai-Pfeifhasen? Der soll erst mal ins Fegefeuer. Ordent-

lich ins Fegefeuer. Aber – er habe doch gar keine Sündenschuld? Na und? Das wäre ein Widerspruch? Ach was. Na
also. Dabei bleibt's. Wie gehabt. All okay? Na bitte. Na
denn, na sdarowje.

Aber echt.

Ist der Schmetterling Abendpfauenauge »wegen Schönheit paradiesfähig?« (Br. Kronauer, Postkarte an den Verfasser mit Abendpfauenauge, 27. 10. 92). Ja und nein. Denn
zwar ist es ein recht gutartiges Tierchen, aber wahrscheinlich hat er halt doch keine Seele und kann mithin zu einem
Engel als sensu strictissimu reingeistigem Wesen in der Her-
meneutik des Dionysius von Areopagita und des Averroes
schwerlich avancieren und jenes Glücks der christlichen
Heim- und Himmelfahrt teilhaftig werden, welches Oli-
vier Messiaen in den meisterlich viersätzigen sinfonischen
Metamorphosen »L'Ascension« vorstellt, denen der Vf. am
1. 10. 1994 im Brucknerkonzerthaus Linz im Einvernehmen
mit Wirkl. Geheimrat Dr. Georg Wojak beizuwohnen vermochte. Und dies erklärtermaßen im Sinne der Hl. Dreieinigkeit samt ihrer katholischen Liga und wider den
Schmalkaldischen Bund sowie dann auch die sog. witten-
bergische Nachtigall, welche allerdings freilich gerade deshalb doch nicht in den Himmel darf! Jedenfalls nicht gleich
nach ihrem Tode. Die Todesmystik aber in Verbindung mit
den Todestechniken des Mittelalters (s. Flasch, Borst, Seibt,
Zwick u. a. m.) gestattet gleichwohl die integral mystische
Ahnung eines nichtsdestotrotzen Überdauerns auch und
umgekehrt des Abendpfauenauges; verdürbe es, verdürben
ja desgleichen wir. Und dies Rettende des und dieses vielleicht ja schon recht nahen Gotts erreicht jenseits allen
Habermas'schen Diskursdiskussionsgeschwätzes und -arsch-
geredes endlich auch jenes scheinbar so böse Tier, das wir
vorne schon kurz als austral. Beutelteufel vielleicht allzu

hochnäsig gestreift haben und das bei aller bekannten Greu-
elpropaganda trotz seiner offenbar luziferischen Deszendenz
und daimonischen Ahnenreihe wg. seines im Grunde niedlichen, ja sogar (s. dort) koalabärennahen Aussehens und seines putzig buschigen Schwanzes längst und endlich die Ent-
nazifizierung alle Mann retour: die Entsühnung verdient
sich hat und in den Himmel darf und soll, und Herr Satan
geht zum andernmal leer aus, hahaha! Möge Gott seinem
Herzen ein letztesmal einen Stoß geben und auch den pfui-
teufligen Beutelschweinsteufel berücksichtigen und begradigen hehe: begnadigen; und weil er schon mal dabei ist,
auch gleich noch unverhofft das Schnabeltier und den
Klippschiefer, diese beiden. Die natürlich sowieso. Deren
Gnadenausweis ist sofort zu ratifizieren. Aber immer.

Wollema auch die Honigbiene reinlasse? Trotz ihres
geilen »Schwänzeltanzes« (M. Lindauer, p. 152)? Na gut,
lassema se rein. Vielleicht is sie ja aach im Himmel zu was
nütze. Und gibt Honig, aus dem sich notfalls gutding Met
bereiten läßt, Gott zum Genuß. Dann aber dann? Dann aber
dann mit Joseph Haydn (Hotel Vier Jahreszeiten) zu er-
ahnen: »Erhebt der brausende Most die Fröhlichkeit zum
Lustgeschrei!«

Aber ehrlich.

Summa und Beschluß

Anläßlich seiner schönen Federzeichnung eines schelmisch seinen Schwanz zu dem auf der Wolke schwebenden Weltenherrn emporrichtenden Kätzchens reimt der Dichter Rob. Gernhardt:

> Die Katze hatte Gott versucht...
> ...und wurde drum von ihm verflucht.

Ein Scherzgedicht. Im Ernst kann, wie beim Schwänzeltanz der Honigbiene, auch von einer ewigen Verdammnis der Katze wegen einer offenbar angeborenen Koketterie keine Rede sein; im Gegenteil, zu den »himmlischen Freuden« (G. Mahler IV,4) gehört auch und gerade eine gewisse wohlverstanden ja durchaus erotische Gott-Mensch-Bezüglichkeit; selbst wenn die Katze auf dieser Zeichnung schon extrem keß und allzu lustmolchig schaut und Gott verführerisch genug zublinzelt. Indessen, auch dem Lustmolch (Grottenolm) ist ja das Reich nicht grundsätzlich zu verweigern und zu verwehren, auch wenn die Katzen durch ihr zum Teil wahrhaft unwürdiges Sexualverhalten (nächtliche Rockertreffs usw.) Gottes Langmut wahrlich herausfordern und vor manche harte Probe stellen und auch nicht immer den Menschen so anschreien und haßerfüllt anschauen sollten in dem Augenblick, in dem dieser nächtens an den Kühlschrank geht und euch nichts abgibt. Nichtsdestoweniger, die »Mensch-Tier-Beziehung« als »Gradmesser der Kultur« (Traugott Weisskopf, CH 3074 Muri b. Bern) gilt analog auch für die Tier-Gott-Beziehung als Parameter einer himmlisch transzendentalen Kultur im Sinnzusammenhang einer tunlichst libertären und toleranten Raison d'être als einer möglichst allgemeinen Konzilianz und Gleichberechtigung, und hier erhebt sich eben erneut und noch einmal die berühmte Rudolf Steinersche Frage: Haben Tiere eine »Empfindungsseele« (Steiner) vor dem Hintergrund einer »auratischen Hülle« (ebd.)? Nun ja, anders als der »Geistmensch« (R. Steiner) Steiner ist das Tier wesentlich und im Wortsinne Fleischtier – anders als das Tier ist umgekehrt der Mensch wenigstens der Möglichkeit nach geistig erkennend – »est intelligens in potentia« (Moses Maimonides, gest. 1204) – im alten aristotelischen Verstand und allerdings auch schon im Vorgriff auf Meister Eckhart – und wo der Mensch also im Ideal- und Optimalfall in die supralunarische 9. Sphäre des Feuerhimmels (caelum empyreum) geraten kann, wäre also das Tier vielleicht bloß immer in der kühleren siebten der neun durchsichtigen Himmelsschalen anzusiedeln. Und zwar bestenfalls.

Aber unabhängig davon: Können, so stellt sich die übergeordnete Frage, verstorbene und abgestorbene Tiere Engel werden? Bei dem sonst so rührigen E. Swedenborg wird darüber nichts weiter erwähnt, item nicht bei Dante (»Alighieri«), Moses, Henoch, Milton und Walter Beltz – immerhin dünken den Fachmann und Bioethologen Oskar Heinroth die Gänse »verblüffend menschlich« (1910), und auch Traugott Weisskopf äußert sich in diese Richtung, auch wenn er für Hunde eine Reservierung im Viersternehotel ablehnt (*Neue Zürcher Zeitung*, 3./4. 3. 1990). Jawohl, es haben sich unter zumindest impliziter Aufhebung jenes alten Banns und Aberbanns des spätantiken Christentums in seiner arianisch teildegenerierten, ja verhunzten Form immer wieder Denker und sogar amtskirchlich bestallte Theologen für eine wie immer geschaffene Errettung oder doch Teilsalvierung des Tiers stark gemacht und die Welt aufhorchen lassen: Von Swedenborg (*Geistl. Tagebuch*) über D. Martin Luther bis zu Gladys Osborne Leonard erstreckt sich die Perlenkette jener Humanisten, die da ohne Zögern von einem Überdauern zumindest der besseren Haustiere im Jenseits überzeugt und zutiefst durchdrungen sind. Wobei insb. Leonard das Tier im Falle seines Ablebens vor (vor!) dem seines Besitzers getröstet in die dritte Sphäre des Jenseits versetzt; dort kümmert sich »jemand« um es, bis der Besitzer nachfolgt und einrückt.

Elizabeth Stuart Phelps dagegen setzt sich für eine besondere Berücksichtigung der arteigenen Bedürfnisse des jeweiligen Tieres ein, wohingegen Swedenborg vielleicht allzu sehr die Katze präferiert. Nicht selten dürfen sie sich, wir haben es bereits vernommen, direkt mitten im Himmel aufhalten und ihrem Tagwerk nachgehen, und dies, obschon sie doch recht eigentlich »jene Menschen verkörpern, die zwar Predigten mit Begeisterung hörten, aber sich um den Inhalt nicht kümmerten« (Phelps, a.a.O.; vgl. Kapitel »Placet« dieses unseres Standardbuchs).

Immerhin können Katzen, davon zeigt sich selbst der im allgemeinen skeptische Swedenborg vollkommen überzeugt, »sich in der göttlichen Sphäre aufhalten, ohne Qualen zu erleiden« (a.a.O.); anders als der Tapir also etwa, ohne daß nun unmittelbar geoffenbart oder sonstwie bezeugt wäre, daß damit eine Anschauung (Epiphanie) Gottes oder gar der Dreifaltigkeit (visio beata oder auch beatissima) forciert verbunden sein müßte; wobei ja noch heute nicht ein-

mal vollends klar und geklärt ist, ob wenigstens Elias wirklich und buchstäblich »von Angesicht zu Angesichte« (Hl.
Paulus, loc. cit.) nachweislich und in Wahrheit »seinen Gott
gesehen« (O. Wilde, *Salome*) hat; zu schweigen von allen
dreien; wobei sich das hl. Trinitätskollegium hier wie in der
Tierfrage insgesamt nach unseren Empfehlungen ausrichten
kann, aber – nicht muß (Ratzinger).

Insgesamt schwebt Swedenborg im Zusammenhang der
sinnlichen Welt seines Himmels im Zuge seiner Dreireiche-
wissenschaft und mitten in Schweden ein Zustand der Liebe
vor, bei seinen Reisen ins Jenseits will er insbesondere in
einen prächtigen Rosengarten geraten sein, eingerahmt
von Oliven-, Orangen- und sogar Zitronenbäumen (Lang/
McDannell, p. 261); wogegen die bekannte Visionärin Rebecca Springer, eine Vorgängerin des Evangelisten Leo Janz
sen., den mehr städtisch-metropolenhaften Charakter ihres
spiritistischen, in letzter Instanz aber wohl christologischen
Jenseits akzentuiert, ja apostrophiert. Schleiermacher hinwiederum in seiner Rede »Über die Religion« begegnet die
»heilige Wehmut« (nicht zu verwechseln mit der Melancho-
lie, der Schwermut oder der ordinären Depression) vorzüglich da, wo »das Erhabene mit dem Geringen und Nichtigen
aufs innigste gemischt« ist (s. und vgl. auch: Udo Dickenberger, *Liebe, Geist, Unendlichkeit. Die Inschriften des Stutt-
garter Hoppenlau-Friedhofs und die poetische Kultur um 1800*,
Hildesheim 1990, p. 91 ff.) – wer dächte bei diesem so er-
habenen wie schwungvollen Gedanken nicht abermals an
Algen, Hummeln und anderes besonders »niedriges Weltge-
sindel« (J. W. v. Goethe am 25. 1. 1813 zu Falk)? So wie wir
auch 1995 »den Respekt nicht vor den Einzellern verlieren
sollten« (Stephen Jay Gould, zit. nach *Zeit*-Silvesterausgabe
1994), so sollte eben auch grundsätzlich seitens Rom der Erhöhung und Erlösung des präkambrischen Getiers (ca. 570

Mio. v. Chr.) nicht länger widersprochen und Widerstand
entgegengestemmt werden, sicher findet Gott auch dafür
eine akzeptable und jedenfalls passable und praktikable Lösung. Und man hätte also, an J. Frhr. v. Eichendorffs oder
jedenfalls Schleiermachers Gedanken anknüpfend, mit einer
göttlichen Trinität zu rechnen, die verstärkt durch Tsetsefliege und Trompetentierchen sich zu einem noch höheren

Feuersalamander
Über ihn hat Rom das letzte Wort noch nicht gesprochen

und noch wehmütigeren und noch triumphaleren Triumvi-
rat auswachsen könnte; die paritätische Frauen- resp. Göt-
tinnenfrage (Elga Sorge u. a.) hier erst mal beiseite.
   Bei Dickenberger (a.a.O., p. 156) findet sich auch die besondere Brauchbarkeit von Sopranstimmen im Himmel
betont, sei's für Mozarts »Exsultate, jubilate« (KV 165),
sei's fürs vorerwähnt tändelnde Sopransolo aus G. Mahlers
»Vierter«, welches quasiautoreferentiell die himmlischen

Freuden und Genüsse preist, mögen also insbesondere die
Singvögel hier ihre besondere Chance erwittern und sich
am Zaume reißen und, sei's Nachtigall, sei's Lerche, sei's
Wachtel und Zaunkönig, nicht allein für die Brautwerbung
mit Schönheit der Melodieninvention und Variationsbreite
und herrlichen Rhythmen sich rüsten, die da jeden Widerstand brechen (Dröscher, a. a. O., p. 54); sondern auch dann,
wenn sie dann einst geschniegelt und gebügelt vor Gottes
Ew. Richterstuhl (Smaragd) treten und unter vielerlei Ehr-
bezeugungen im Himmel zu verweilen trachten: Kurzum,
so wie Jesi Christi oder jedenfalls Jesus Christi oder vielleicht ja auch Jesui Christi leiblich-fleischliche Auferstehung
die natürliche Ermessenskraft stets aufs neue lächerlich
macht und sogleich der tumben Hoffart überführt, so ist
Gott als »rerum omnium princeps« (Boethius) und tantum
ergo »perfectum bonum« (ebd.) sowie als allgemeiner fons
vitae (Aktion Lebensborn) wie zur Totenauferstehung alles
oder vielleicht auch allen Fleisches auch jederzeit zu allen anderen Wundern (Mechanemata) fähig und in der Lage – was
aber heißt das auf unseren Platz im Himmel bezogen? Auch
da gilt der Satz, daß »Wunder nicht wider die Natur, sondern nur wider die bekannte Natur« (Aug., *De civ. Dei*
XXVI,8) sind: »Die höheren Himmel, an deren Gewölbe
die Sterne befestigt sind« (XX,24), bergen nach der Ordnung des Melchisedek im Sinne Gottes die von den Bösen
geschiedenen Guten, die Heiligen und die Kirchenfürsten.
Der Fürst der Welt aber wird greifen zu Heulen und Zähne-
fletschen und pfeifen aus dem letzten Loch, und des alten
Propheten Malachiel Frage »Wer wird den Tag seiner Ankunft aushalten?« wird jetzt positive Antwort erheischen
oder vielmehr ja erfahren. Denn so wie die Belohnung der
Guten die endliche Bestrafung der Bösen: Jetzt ist sie per-
fekt. Keine Ausrede hilft, und das Murren wider Gott nutzt

nun auch nichts mehr (Non placet). Wie die bösen Haifische, die früher mal schon Jonas verschluckten und verschlangen, so wölbt sich nun das Flammenglutenmeer über diese, und das Feuer verlischt ihnen niemals nie (XX,21). Der allgemeine Herr korrigiere: der allmächtige Herr aber als substantia spiritualis (Honorino, *Elucidarium*, um 1100) prangt als ein Mann der sog. ineffabilis suavitas sodann voll Milde und viel schöner noch als selbst die Engel, viel reiner noch als die Erzengel und Gewalten, erhabener selbst als die Sonne. Mit den verstorbenen und schon erfreut aufgenommenen Menschen verkehrt er vorzüglich aus Gründen der allg. Delegatio und aufgrund diesbezügl. Erwägungen ausschließlich über die Engel, und auch dann, wenn Gott heute, wie es scheint, insgesamt wenig zu bestellen mehr hat und im Sinne Theodor (»Gottesgeschenk«) Adornos allenfalls von einer abtrünnig negativen Dialektik zehrt (negationes de Deo sunt verae, affirmationes autem ambigue; Flasch, p. 296), selbst dann also, wenn er, wie, laut Herder u. a., das Böse gleichfalls und igitur nihil est, lassen Sie uns hier gleichwohl auf die Güte des göttlichen Herzens hoffen und auf ein gefälliges Urteil in effigie (in absentia) im Gefolge und Subsinne des Schlusses der dantesken *Divina Comedia*: »L'amor che move il sole et l'altre stelle« (33. Ges.) – sie möge auch vor Gott und seinen Dienern Abraham und Melchisedek nimmer haltmachen und verfliehen und sich tüchtig sammeln und sic rebus stantibus ihrer Feinde wohl erwehren. Denn höre Israel: Der Herr ist nahe. Amor vincit omnia. Denn die Liebe höret nimmer auf.

Alles Weitere wird sich finden.

Nochmals also: Können entschlafene Tiere Engel werden? Nun wohl, die Zeichen mehren sich, mehren sich beträchtlich. Das »Sumsen« der Biene z. B. dünkt den Dichter Karl Mayer (Dickenberger, p. 29), »als ob es hohen Inhalts«

sei; nämlich vom »Weltgeist« herrühre, christlich gespr. also
von Gott Sebaoth, zu diesen und seinen Brüdern möge es,
das Sumsen, denn also auch eines Tags zurückkehren, und
umgekehrt wird der notabene christliche Gott von Kant wie
von Goethe (»Du hast Unsterblichkeit im Sinn«) moralisch
in die Pflicht genommen, auch das kleine und kleinste Tier
im Sinne seines zum Sumslaut gewordenen Heimwehs zu
salvieren und heimzuholen, um es, das Tier, ihn, Gott
»schauen« (Mt. 5,8) zu lassen. Jawohl, auch und gerade die
Kleinen und Kleinsten im Sinne nämlich seines eigenen,
dem leibhaftigen Sohn in den Mund gelegten Wunsches:
»Lasset die Kindlein zu mir kommen, denn ihrer ist das
Himmelreich«, wie Jesus trefflich sagt. Und auch dieses
sagt er sehr schön: »Was ihr dem geringsten meiner Brüder
getan habt, das habt ihr mir getan« (Mt. 25,49). Und so wie
er, Christus, am Jüngsten Tag Adam und Eva und die Patri-
archen (Gemälde des Meisters von St. Laurenz, 1425–30)
aus der Vorhölle, i. e. Abrahams Schoß (Limbus; der allerdings auf dem Bild seltsam einem offenen Höllenrachentor
gleichsieht) befreite, so gelegentlich ggf. auch das gute Tier.
Und nicht nur den Igel als einen zuweilen und zuzeiten
gewaltigen Religionsstifter (s. Kap. »Placet« u. a.); sondern
Gleiches gelte auch und im besonderen Maße und Umfang
für das Borstenhörnchen (Erdhörnchen, auch Schilu), die
Spitzmaus, das Seebärchen und vergleichbare Pelzrobben,
die Schermaus (sog. Wasserratte), das Mauswiesel, das
Grottenwiesel, den Zaunkönig und sogar die eklige Raupe;
ausgenommen sind hier natürlich noch die Nacktschnecken;
während, anders als beim ja auch zudem noch sehr wilden
und blutrünstigen nackten Mull, die Aufnahme des nackten
Wombat (auch: Nacktnasen-Wombat) fakultativ resp. puta-
tiv gestattet sein und durchgehen mag, weil bei ihm ja gottseidank nur die Nase nackig und das Restliche schön pelzig

gleich einem Bärchen ist, daher auch: Vombatus ursinus.
Neque durch Petitionen neque durch gutes Zureden möge
der Dreieinige Gott sich dagegen dazu bewegen lassen, allzu vielen Fröschen, Lurchen und Kröten Vertrauen und also
Zulassung zu gewähren. Wer die ganze Trägheit, Sitten-
losigkeit und in der Folge auch Körpervernachlässigung
dieser Tiere kennt, der weiß, was er weiß. Außerdem ist
das Anbeten von Kröten nach Art der heidnischen Preu-
ßen, seitdem der Deutsche Orden diese einst missionierte,
längst verboten. Kröten sind nun mal keine Götter, sondern
schlechte Kerls und Bösewichte. Aus, Äpfel, Amen. Und
sie sollen deshalb auch nicht ins Reich gelangen.

So wie, laut Gustav Seibt stop: Flaubert, nicht jedermann
Papst sein kann, so kann auch nicht jedermann in den Himmel kommen dürfen.

Und so auch nicht die Krote.

Hinein darf dagegen wieder der Seevogel namens Tölpel
gemäß der Schrift: »Selig sind die Armen im Geiste, denn
ihrer ist das Reich« (loc. id). Und deshalb genau darf der
Tölpel hinein. Sofern er sich einigermaßen gut aufführt.

Die Kröte aber höchstens auf Bewährung.

Mehr als Gott lieb sein kann, ist sein Himmel bei so vielen Heilerflehenden und Petitenten ja inzwischen auch schon
wirklich ziemlich proppevoll, im übrigen aber wird die
Zahl seiner Engel zuweilen auch etwas höher angegeben als
vorne mitgeteilt: Zählte noch der Kardinal Bischof von
Tusculum, wir haben uns die Zahl eingeprägt, 266 613 336
Engel; so ist diese Zahl schon im 14. Jahrhundert nach anderen Quellen (Godwin, p. 73, Ed. Kohler u. Leberfinger,
Nördlingen) auf 300 655 722 gestiegen, und dann im Spät-
mittelalter hatte sie sich nach den Angaben der Kabbalisten
sogar noch ein bißchen verbessert und war auf 301 655 722
hochgeklettert (p. 66). Welch eine Kluft zwischen hier und

Henochs erbärmlichen ein paar hundert Stück! Möge Gott
dafür Sorge tragen, daß seine Feinde vor solchen Zahlen immer heftiger erzittern!

Im Augenblick, wie's aussieht, lachen diese freilich ja
noch vielfach Hohn, lästern Gott und spotten seiner. Selbst
in den eigenen Reihen. »Des Christentums«, so geifert
einer, der vielleicht ärgste unter ihnen, der sattsam bekannte
H. Küng, Tübingen, noch in seinem angebl. opus summum
1994, »des Christentums wirkliches Wesen ereignet sich im
Un-wesen.« Das Unwesen, die Unart, die Ungezogenheit
solcher »negativistischer« (Dr. Horst Glashart) Theoreme
und Theologeme bzw. vielmehr scharlatanesker und kasui-
stischer Pseudotheosyllogismen und hasardeurhafter Eska-
motismen und sophistisch-pharisäoider Zirkusnummern-
gaukeleien voller Ränke brauchen hier mit keinem Wort
weiter kommentiert zu werden, sie werden dem großen Gericht anheimfallen wie so manches andere aus diesem Rene-
gatenmund voll Teufelsdreck – ein Weiteres tritt hier und
heute leider hinzu, den Unrat und die Verneblung und allgemeine Gärung in den insbes. studentischen Köpfen zu
schüren und zu verdichten: Nach den neuesten Messungen
des Hubble-Weltraumteleskops beträgt das Alter des Uni-
versums im Zuge der Big-Bang-Theorie und im Sinne der
durch die Hintergrundstrahlung bewiesenen eiligen Expan-
sion des Weltalls ca. lediglich 8 Mrd. Jahre, während nach
der sog. Hubble-Konstante die ältesten Sternhaufen immerhin 14 Mrd. Jahre (mit nur 2 Mrd. Jahre Unsicherheits-
Koeffizient) alt sind oder jedenfalls sein müßten; mit
anderen Worten: das Universum wäre danach (F. A. Z.,
7. u. 17. 11. 94, Beilage »Natur und Wissenschaft«) viel jünger als die ältesten Sterne! Durchaus vorstellbar, daß Gott
selber über diese Zahlen heftig erschrocken oder auch er-
grimmt ist, denn abermals scheinen sie auf eine essentielle,

ja integrative Negativität aller heutiger Theologie in der
Nachhut Karl Barths und Karl (»Fisch«) Rahners zu deuten
und aufmerksam zu machen und direkt ins Messer der unter
dem Trugnamen des allg. Paradigmenwechsels kursieren-
den Tübinger postmodernen »Theologie« (sic bzw. sit venia
verbo!) zu laufen und überhaupt im Kainszeichen letztlich
eines verschrobenen mausgrauen Agnostizismus, ja Atheis-
mus ein theosophisches Spießrutenlaufen wo nicht ums
Verrecken anzuzetteln so doch mit dem Feuer des Zweifels
und der verfluchten Ketzerei zu zündeln, Gott zur Bedro-
hung, der Hölle zum Gewinn, und schon sieht man Satan
hie und da wieder sich in säuischer Wonne wälzeln voll von
Wollust oh, oh, oh – – – nämlich im Grunde aber ist nach
wie vor »Gottes Zeit die allerbeste Zeit« (BWV 106) – und
wg. solcher und ähnlicher Schrullen auf der Strecke aber
bleibt, Papst hin, Küng her und Satanas dazwischen, das
theologisch weiterhin unsichere, das schon terrestrisch
z. T. erschütternde, entsetzliche, tränenerzwingende Leid der
Tiere (*Das Tierbuch*, Zweitausendeins, Frankfurt am Main,
p. 10–218 usw.), und dies ganz unabhängig von der da
und dort noch immer leidig schwelenden Eucharistiefrage,
wie sie von Berengar bis Calvin und Zwingli die westliche
Welt da und dort noch immer strukturell bedroht, ja ent-
zweit, dies leidlich unabhängig auch von der noch immer
nachzüngelnden Hüttler-Problematik; und dies alles in einem vermeintlich einheitlichen abendländisch-christlichen
Kulturgebietskörper, welcher seit den ja nominell immer
noch gültigen Lateranverträgen weithin befriedigt und völlig »ausgesöhnt scheint« (Lattern), dem Fürst der Welt zum
Trotz. Dabei mahnt gleichwohl heute nichts dringlicher als
die Bewältigung der Tiersache, dabei leidet diese noch immer ungelöste quaestio des Tierthemas, ja des Tiertabus inklusive ihrer sukzessiven determinatio heute ja nicht den ge-

ringsten Aufschub mehr, und dies nach Möglichkeit im
raschmöglichsten Fahrwasser und unter dem günstigstmög-
lichsten Schubwind interdisziplinär metafakultativer dispu-
tationes ordinariae oder auch quodliberales oder vielleicht
sogar quodlibetales. Harr. Verewigte Tiere, mit einem
Wort, sind auch im überseeischen radiere aus sofort: im
überirdischen Bereich grundsätzlich der gleichen Behandlung und gerichtsmäßigen Abfindung auszusetzen wie der
Mensch (Christ, auch Lutherist), ganz im Sinne der allg.
Deszendenz und der von Ch. Darwin genau beobachteten
und sodann zu Papier gebrachten Gleichheit oder doch Ähnlichkeit im »Ausdruck der Gemütsbewegungen bei dem
Menschen und den Tieren« (Stuttgart 1872), demnach z. B.
»Liebe, zärtliche Empfindungen« (Ed. Greno, Nördlingen
1986, p. 217) hier wie dort so ziemlich synchron, ja praktisch synoptisch ablaufen: »Bei den niedern Thieren sehen
wir dasselbe Princip thätig, dass sich Vergnügen aus der
Berührung in Association mit Liebe herleitet. Hunde und
Katzen finden offenbar grosses Vergnügen daran, sich an
ihren Herren und Herrinnen zu reiben und von ihnen gerie-
ben oder geklopft zu werden« (a.a.O.). Eben. Noch einen
Schritt weiter geht Egon Friedell (*Kulturgesch. d. Neuzeit*,
p. 1163) im offenbaren kausalen Theoriezusammenhang
einer auf Darwin zurückverweisenden und womöglich
C. G. Jungs kollektives Gedächtnis adaptierenden onto-
samt phylogenetischen, entschieden aber auch theologischen Spekulation: »Gibt es etwas Schöneres und Tröstli-
cheres als den Gedanken, daß wir alles, was die Erde trägt,
für kurze Zeit schon einmal gewesen sind, ehe wir das Licht
der Welt erblickten: Urtier, Wurm, Fisch, Lurch, Säuge-
tier.« Nun, so weit möchte vielleicht nicht jeder gehen, alle
können wir nun mal nicht erlösen, am Ende kommt nach
dem Lurch auch noch der Specht und der Kauz und gleich

auch noch der Mohrenaguti daher – auch bedenke man ja
immer, was Friedells Leibfeind Karl Kraus als gleichwohl
elementaren Unterschied fest- und hochhält: »Die Tiere
sind keine Schmöcke« (*Fackel*, Nr. 457, p. 72), nein, sind sie
nicht, aber bei aller vielleicht gattungsmäßigen Verlogenheit alias Simulierfähigkeit so mancher Hunde, wie sie, wir
haben es erfahren, von K. Lorenz akzentuiert und gegeißelt
wird: Kann man es einer Lieselotte von der Pfalz verdenken,
wenn sie in einem Brief ihrer Hoffnung, ja ihrer gewissermaßen conditio sine qua non Ausdruck verleiht, daß sie unter allen Umständen ihre »Hündgen« in der Ewigkeit wie-
dertreffen möchte? Man kann es nicht, und genau in diesem
Sinne und in der Tradition Swedenborgs, Blakes und Goethes läßt Elizabeth Stuart Phelps im schon vorerwähnten
und mit 180 000 tatsächlich verkauften Exemplaren sehr
nachhaltigen Roman *The Gates Ajar* von 1868 die Tante Winifred, bezogen auf Hund und Katze usw., ganz zu Recht
die scheint's vermessene Frage fragen: »Traut man Gott
wirklich zu, solch schöne und selbstlose Liebesbeziehungen
zu schaffen nur für unsere siebzig irdischen Lebensjahre?
Traut man ihm zu, daß er zwei Seelen so miteinander ver-
schmelzen läßt, nur um ihnen die Trennung schmerzlich zu
machen und sie dann auch noch für die Ewigkeit auseinan-
derzureißen?«
   Eine gute, eine sehr gute Frage, und nur folgerichtig
macht Phelps in der Romanfortsetzung von 1883 den Himmel denn auch zu einem »friedlichen, kleinen Haus« in der
Art eines viktorianischen Bungalows – und: »Ein präch-
tiger Hund sonnte sich auf den Stufen« (Lang/McDann-
nell, p. 354). Genau. Amerika hat es hier eben doch besser, die anglopuritanische Hochzivilisation sorgt sich bei
aller »amerikanischen Atombombenexperimentaltätigkeit«
(F.-J. Strauß, 1955) sogar um die speziellen »Bedürfnisse

von Tieren« (a.a.O., p. 399) im Drüben; auch wenn ein
»Friedhof der Kuscheltiere« (Stephen King) dann schon ein
bißchen weit geht; und die daran anknüpfende Frage von
Julian Schärdel, ob auch Stofftiere – und wenn ja, bis zu
welcher Größe – in den Himmel aufrücken und zu ihrer
Entlastung emporgelangen können, wahrscheinlich nur
durch ein allfällig künftiges Konzil rite bona fide entschieden werden kann.

Es ist ihrer aber durchaus eingedenk zu bleiben.

Großes Anrecht auf den Himmel besitzt jedoch so wie der
prächtige Phelpssche Hund der sachte und »verhaltene«
(F. W. Bernstein) Dachs und in Anbetracht und wegen ihrer
»gedämpften« (Rob. Gernhardt) Sprechweise die Zirbelen-
te, gewiß, ja, dergleichen ist im Himmel immer gern gesehen bzw. gehört. Diese Ente freue sich also zu jeder Zeit
Gottes und in Gott und empfange ihren Lohn; vorteilhaft
sind momentan auch die Aussichten für die im Zuge unver-
antwortlicher Straßenverkehrsplanungen viel zu früh von
uns gegangenen Igelbabys; und mit tausendprozentiger Sicherheit muß unbedingt in den schon mehrfach genannten
Himmel jener schon aus Reimgründen bevorrechtigte »alte
Schimmel«, dessen »letzte Stunde« Friedrich Baron de la
Motte Fouqué (*Gefühle, Bilder und Ansichten*, 2. Bändchen,
1819) in der Beschreibung festhält: Wie er, der alte Schimmel, da, kurz bevor er »todt im Grase liegt«, noch ein letz-
tes Mal, ihm entgegengehend, seinen Herrn begrüßt, und er
»legt ihm den Kopf auf die Schulter, und liebkost ihn, und
kann des Schmeichelns heute gar kein Ende finden«, ehe er
gleich drauf umfällt und doch sein Ende findet und seinen
Athem aushaucht; woran der Dichter die sehr einleuchtende
Gedankenfindung anknüpft: »Die innig wehmüthige Thier-
liebe in uns, und wieder zu uns die seltsamlich treue Liebe
der Thierwelt – deutet das nicht noch weiter, nicht auch

noch auf unser Jenseits hinaus? Denn was uns so recht im
Innersten anfaßt, das begnügt sich wahrlich nicht mit den
paar Schritten zwischen Wiege und Grab; das faßt den ganzen Menschen oder besser gesprochen den ewigen Menschen an.«

Und deshalb, logo, und auch wenn, laut Fouqué, immer
wieder mal »dagegen vieles eingewendet worden ist«, muß
vice versa und im Sinne von Phelps' Tante Winifred auch
mutatis mutandis der alte Schimmel i. V. des gesamten
Thierreichs in den Himmel eintraben und »hoffen dürfen,
zu den seligen Geistern zu gelangen: ins Paradies« (Dante,
Inferno, 1. Gesang); und entsprechend und genau so läßt sich
auch nochmals der Baron v. Fouqué vernehmen, wenn er
vermeint, der Zuversicht zum Ausdruck verhelfen zu müssen, er »glaube also keineswegs die Hoffnung aufgeben zu
dürfen, jener ehrliche Schimmel werde dereinst seinem
guten Herrn auf einer anderen Wiese von neuem entgegen-
springen, auf einer Wiese, wo es so herrlich zugehen
wird, daß wir ihrer nur mit den Schauern der süßesten, aber
auch zugleich ernsthaftesten Entzückung zu gedenken vermögen«.

Denn siehe, er werde dem Schimmel und allen anderen
gepeinigten und geschundenen und/oder an Krankheit ver-
wichenen Thieren »abgewaschen alle Tränen von ihren
Augen, und der Tod wird nicht mehr sein, noch Leid noch
Geschrei noch irgendwelcher Schmerz. Wo ist, Tod, dein
Wüten? Wo ist, Tod, dein Stachel?« (De civ. Dei XX,17).
Und die geretteten Thiere aber werden es ihm vergelten
durch nimmersattes Schmeicheln und Schöntun und durch
Liebeleien sonder Zahl; eine Zuneigung und ein Streicheln
und ein Abschlecken Gottes wird da einsetzen, IHN zu
zwingen und zu bewältigen; ein Kosen, welches selbst das
noch übertreffen und übertölpeln wird, welches Darwin

(a.a.O., p. 218) einst uns schon geweissagt: »Es finden viele
Arten von Affen ein Entzücken darin, einander zu hätscheln
oder von anderen gehätschelt zu werden, auch von Perso-
nen, zu welchen sie Anhänglichkeit fühlen. Mr. Bartlett hat
mir das Benehmen zweier Chimpansen, im Ganzen älterer
Thiere als diejenigen, die gewöhnlich nach Europa impor-
tirt werden, beschrieben, als sie zuerst zusammengebracht
wurden. Sie sassen einander gegenüber, berührten einander
mit ihren weit vorgestreckten Lippen, und der eine legte
seine Hand auf die Schulter des andern. Dann schlossen sie
sich gegenseitig in die Arme ein. Später standen sie auf, ein
jeder mit einem Arm auf der Schulter des andern, hoben
ihren Kopf in die Höhe, öffneten den Mund und schrien
vor Entzücken.«

Wird das erst recht für Gott dermaleinst dann eine Freude
sein!

Denn merke: »Ein Tier macht glücklich, es erzieht zu Liebe, Fürsorglichkeit und Geduld« (Rolf Lachner, zit. nach:
Traugott Weisskopf, Muri, a.a.O., 1990). Wie den Menschen, so, abweichend von *Genesis* 1,1ff., auch Gott. Ohne
Tier, in Abwandlung von Paul Heyses Mädchenlied, »mag
(er) nicht im Paradiese sein«. Genau. Das Tier sei Gottes
Lohn mithin als SEIN Reich um im Kon- und Subtext seiner
allgem. Himmelsausschweifungen endlich und weidlich
auch seine eigene heimische Freude heimlich einzuheim-
schen, sich derart des Todes zu erwehren und dabei, so un-
barsch wie nur möglich, sein Haus auch neu zu bestellen.
Ihr alle kennt wohl das Rauschen der Luft, welches zu ent-
stehen pflegt, sobald der HERR übers stille Feld geht. Im
Himmel aber ist dies Rauschen noch viel stärker und macht-
voller und prunkender. Es ist das Rauschen der Freude Gottes über seine neuen Freunde.

Sehr gern gesehen im Himmel sind deshalb auch das

Murmeltier und das ihm verwandte Erdhörnchen, ein
scheinbar etwas zurückgebliebenes Tierchen, was aber als
leidenschaftlicher und glänzender Stollenbauer im Himmel
manches Nützliche anrichten sollte. Beide Tiere wie auch
das überaus haarige schottische Hochlandrind und der allg.
Widder (Stöhr) vermögen dabei auch der sonst oft leidigen,
ja störenden tierischen Nacktheit (Nacktschnecke, das fast
nackte, wenn auch sonst sehr artige Hausschwein; vgl. dazu: O. Panizza, *Ein Kapitel aus der Pastoral-Medizin*, a.a.O.)
durch ihre überaus hübschen Pelzchen so wünschenswert
wie überzeugend zu widerstehen und zu entgehen. Und
Gleiches gilt natürlich abermals für die Hauskatze, die dafür
ja auch vor 9000 Jahren schon von den uralten Ägyptern als
»Begleiter der Götter« (David Roberts) eingeschätzt und
teilverehrt wurde und deshalb auch noch von Phelps rechtens Erhöhung erfuhr, auch naturhaft wegen ihrer insgesamt so schicklichen wie manierlichen Aufführung selbst in
Not- und Krisenzeiten; und v. a. selbstredend auch wg.
ihrer für Tierverhältnisse enorm intelligenten und stupen-
den Benutzung des mitteleuropäischen Katzenstreu-Kloerls
(vgl. auch Daphnis und Chloe usw. o. a. nicht) – und:
wenn man sie am Bauch krault, dann schauen sie meist zum
Sternenhimmel, so verzückt wie Mechthild von Magdeburg oder sonst so eine alte mystische Nonne. Aber auch oft
schon untertags: Bereits am 6. Juni 1994 äugte, anders als
sein gerade Brotzeit machender Zwillingsbruder Minnie,
der Kater Ramirez, schon um 8.20 Uhr auf dem Balkone
liegend, so wägend, so besinnlich, so fast romantisch zum
bereits blau besonnten Morgenhimmel hoch, als erwarte er
von dort zwar noch nicht unbedingt die Erlösung und das
Heil, aber doch so einige gewohnheitsbedingte Zuversicht.
    Einen besonderen Ehrenschutz genieße dereinst im An-
deren Leben speziell das gelbe Kätzchen, bei welchem die

durch Buckelbildung und Beinreibung ersichtliche »zärtliche Stimmung« (Ch. Darwin, p. 59) ganz besonders ausgebildet erscheint; sowie ganz ohne jeden Zweifel jene beiden Tiere, welche Justinus Kerner (*Bilderbuch aus meiner Knabenzeit*) als treueste Gefährtinnen einer damaligen alten Frau zurecht- und herausstreicht:

»Als diese Frau später in Stuttgart starb und ihr Sarg auf den Kirchhof gebracht wurde, sprangen, als man das Sargtuch abdeckte, zwei ihrer Lieblingskatzen, die sich unbemerkt unter demselben bei ihr festgehalten hatten, aus demselben hervor und verschwanden unter den Grabmonumenten.«

Tod, wo ist dein Stachel, Himmel, wo ist dein gerechter Lohn!

Nur bei Katzenbabys ist es wieder anders. Wenn ein solches ungetauft stirbt, kommt es natürlich wie der Mensch erst mal in die Vorhölle (Limbus).

Gut haben werden es dereinst alle Ketten- und Wachhunde (vgl. *Die Zwicks*, 1995, p. 11 u. a.), die meisten Schakale und sogar im Kern die eigentlich rechtmäßig senza ogni speranza angetretenen Kojoten; auch für sie ist, wie in der Kajüte Noahs, im Himmel reichlich Platz, Gott zum Ruhm und stark zum Heil. Möge die Trinität aber gleichwohl dafür Sorge tragen, daß es zu möglichst keinen oder doch wenigen unerwünschten oder gar unerlaubt verfeindeten Tierbegegnungen in der sechsten oder auch der siebten Scheibensphäre kommt. Allerdings: so sehr die ohnehin lästigen Mäuse im Himmel von Katzen fernzuhalten und zu scheiden und zu sondern sind, so lasse man »die blinden, aber gewitzten Tunnelmäuse« (*Via*, Magazin der Schweizer Bundesbahnen, 12/94) insbes. des Simplonpaßtunnels doch gleichwohl zu. Denn die Katzen sehen sie ja, jedenfalls grammatikalisch, item nicht.

Selbstverständlich geht der Lemming, obwohl zuweilen, wie bekannt, kollektiver Selbstmörder, straffrei aus. Weil er es ja nicht besser weiß (Amnestie durch Amnesie, in dubio pro reo usf.). Und von seiner Maj. Gott nämlich den Auftrag hat. Büßen soll er sieben mal sieben Jahre gleichwohl im Krema- stop: im Purgatorium. Dann steige er auf in den Vorsaal, sodann in die vorerst vierte Etagenebene. Von dort aus immer weiter zwiebelförmig vorwärts wie der Wurm voll Wollust. Weil »ex uno unum fit«, wie Avicenna (gest. 1037) wußte. Nämlich die eine Himmelsschale aus der anderen. Denn wesgleichen schon Thomas von Aquino lehrte, sind bäldlich Sein und Wesen eins. Wie es die Schacher sagen: Gens una sumus.

Dort drüben nämlich, einst im Reich. Dort wo die schönen Trompeten blasen, dort finde auch der Maulwurf Platz. Mit ihm der Lemming und der Spitz. Das Wesen u. das Sein. Leislich zirpt's im Hain. Der Dachs putzt sich zum Ausritt. Das Mäuslein geht in Deckung. Am Bach harrt stark der Biber. Je länger desto lieber. Es ist so wie es ist. Und es ist fürchterlich. Wie uns die Dicht'rin unkt: »Wir könnten die Erde niemals so sehr lieben, wenn wir nicht unsere Kindheit auf ihr verbracht hätten« (G. Eliot, *The Mill on the Floss*).

Lobpreisung

Jubilate! Jubilate! Läutet, Glocken, Sturm! Läutet, Glocken, ihm zur Ehre, sein die Ehre: Sebaoth. Großer Gott, wir loben dich. Sanctus, sanctus, sanctus. Gelobt sei der Gott Sebaoth, Jehova, dir sei nimmer Hohn, du wahrer König von Babylon. Halleluja. Ehre sei dem Vater, dem Sohn und dem Hl. Geiste, läutet Glocken, bimbambimbam, jubilate!

Ja, gekommen und erschienen ist der Tag, da geschieden wird zwischen Gerechten und Ungerechten, und jetzt erst wird auch vollends wahr, was Jesus sagt: Selig, die reinen Herzens sind, denn sie werden Gott schauen in Glanz und großer Herrlichkeit. In die Wolken entrückt, dem Herrn entgegen (Paulus im 1. Brief an die Thessaloniker) werden sie fahren, wie schon Jesaja sagt und Paulus es (im legendären Briefe an die Korinther) eindringlich wiederholt: Wir werden alle auferstehen, die Guten wie die weniger Guten im Zuge der Auferstehung allen Fleisches und seiner Auffahrt zu den gar himmlischen Behausungen (Aug., *De civ. Dei* XX,5) und Einkehr halten ins Reich und in die Herrlichkeit, denn endlich hat der böse Antichrist (Bestia immunda) jetzt leidlich ausgespielt und nichts mehr zu bestellen. Sondern mit abergroßem Wehgeschrei wird er der Finsternis und allem Feuerqualm erst recht zurückgegeben, indessen der Gerechte triumphiert und selig in der Anschauung Gottes (visio beatifica) sich ausbreitend ergießt und teilweise wohl vor Wonne gar zerfließt wie Butter unterm Honigseim der Milch der frommen Denkungsart im Rahmen der neun Himmelskreise (Chöre), wie sie uns Dante im Sinn der Väter vorgezeichnet hat, sei's im ersten Kreis der Engel, sei's im neunten schon der Seraphim, nahe schon der Stätte des Lichts, des Gottessitzes Empyreum inmitten der herrlichen Himmelsstadt, vollends transmateriell und völlig spirituell eines Wesens mit dem des Vaters, Licht vom Licht, gestaltet dito cito nach den Vorbildern Jerusalems, Veronas und auch Bellinzonas (Lang/McDannell, p. 110 ff.). Die Dreifaltigkeit allerdings und insfreilich wohnet ja noch jenseits dieses Empyreums, welches ja lediglich und wie der Name sagt Gottes äußerer Wohnort ist. Sie vielmehr wohnt im Himmel des Himmels (Coelum Trinitatis), welchen keines Menschen Auge je geschaut noch auch nach dem vielleicht ja schon bald und werweiß subito bevorstehenden Ende der Zeit je schauen wird: die Herrlichkeit ist zu gewaltig, ja, wie Moses weiß, fast schon zerschmetternd.

Andere, wie jener bis heute unbekannte Verfasser aus dem namentlich apokryphen Denkerumkreis (Micha Josef bin Gorion und Emanuel bin Gorion, *Sagen der Juden*, Insel-Verlag Unseld, Frankfurt 1980), gehen mehr von sieben Himmeln aus, denn, wie bekannt, »auf sieben Pfeilern ruht die Erde, und diese Pfeiler stehen im Wasser, und das Wasser ist über den Bergen« usw., und ergo sind es auch sieben Himmel, »und ein jeglicher Himmel heißt mit seinem eigenen Namen. Da ist Wilon, der Vorhang; Rakia, die Himmelsfeste; Schechakim, der Wolkenhimmel; Sewul, die Zuflucht; Maon, die Wohnstätte; Machon, der Sitz; Arawot, die Weite« (a.a.O.); und dieser Arawot ist dann also »der oberste aller Himmel, das ist der Himmel, wo Recht und Gerechtigkeit geübt werden; dort sind die Schatzkammern

des Lebens, des Friedens und des Segens. Die Seelen aller
Gerechten und aller, die da kommen sollen, wohnen in Arawot«; und jedenfalls: »Wehe den Geschöpfen, welche schau-
en und nicht wissen, was sie schauen, wehe den Geschöpfen, welche stehen und nicht wissen, worauf sie stehen«
(ebd.) –

– genug, gleich ob es nun nur sieben Himmel sind oder
gar schon neun, wie wir Rechtgläubigen anzunehmen
Grund haben und Hoffnung nehmen dürfen; gleichviel,
wenn, wie der Hl. Mosses mitteilt, es einst, etwa 300 000
Jahre nach dem Big Bang, Gottes erklärter Wille war, daß
die Erde außer dem Menschen auch allerhand Tiere hervor-
bringe, dann hat er, Gott, auch, ganz richtig, Sorge zu tragen nicht allein für ihr irdisches, sondern auch ihr dermaleinst schon himmlisches Heil und ihre weitere Rehabilitation und ihr ferneres Auskommen im großen Strahlenmeer;
dann, wenn es, das Tier, dereinst, wie wir, alles »Irdische
meiden« (G. Mahler, loc. cit. iste) muß; vollkommen logisch, da muß eben Gott vor seiner eigenen Logik stramm-
stehen oder wahlweise in die Knie gehen und klein beigeben
und aus seinen eigenen Machenschaften (summa intelligen-
tia) die Intelligenz oder vielleicht vielmehr ja die Konsequenz ziehen und erwirken. Und es mag zwar, insofern
laut Augustinus sogar über die Auferstehung des menschlichen Fleisches und seine Auffahrt manche »Gelehrte den
Kopf schütteln« (a.a.O.), über die Auferstehungen der
a) scheint's noch viel unermeßlicheren, b) partiell unleugbar
noch törichteren Tierwelt noch mehr Erstaunen und Ver-
blüffung herrschen selbst in Kreisen der Cherubin und Seraphin; allein, hier wollte Sebaoth im Verein mit dem Sohn
und dem Geiste eben ganz offenbar noch einmal zeigen, was
eine Harke ist, was er, GOTT, vermag, wenn's drauf
ankommt – das entsprechende Know-how und die davon

unabtrennbare Gnadenenergie zusammen und ausgerechnet auch noch im Tierfach ist ja erst gerade als corporate identity das schon sehr, ja extrem »Frappante« (K. Valentin, *Der Firmling*) – ganz oder jedenfalls fast unabhängig davon, daß Tiere wohl zum gelegentlichen »ekstatischen Entzücken« (Ch. Darwin, a. a. O., p. 223) beim Saugen an der Mutterbrust, im engeren und eigentlichen Sinn aber zu jener Andacht, die für so manche, und nicht die schlechtesten, gleichstimmig ist mit Religion, nicht oder nur selten genug (Katta?) fähig oder auch nur willens sind. Und, um das, ehe die Frage immer wieder auftaucht, definitiv und vorab klarzustellen: In den vorgenannten allerheiligsten Coelum Trinitatis (»Himmel der Himmel«) kommt selbstverständlich sowieso kein Tier rein.

Und will auch gar nicht.

Wer gleichwohl beschreibt den Jubel, wenn sich dermaleinst die scheinbar so unbezwinglichen Pforten öffnen für Kuh und Lamm, für Echse und Wal und selbst für jene einstigen Renegaten wie den Widder und den ganz luziferischen Beutelteufel, welche da – potz Stern! – zu ihrem eigenen Erstaunen erhört und ganz offenbar einigermaßen ungeschoren davongekommen sind? Sie fahren freilich gut damit, sich schon im ersten Himmelskreis niederzulassen und gütlich zu tun, indessen Such- und Rettungshunde in aller Regel gleich im sechsten Sphärenhimmel (Flasch, p. 299 f.) des Jupiter Platz nehmen dürfen. Die Himmelsordnung (ordo amoris) im engeren Sinn sieht ferner verbindlich vor, daß Löwen wie zu ihren Lebzeiten vor allem als Türsteher, Esel dagegen als Beiständer Gottes Verwendung finden sollen. Das Maultier hinwiederum als Botendiener, und das Faultier, damit es nicht gar zu häufig Maulaffen feilhält, als Knecht der Hl. Gottesmutter Maria im Bereich ihrer allg. Heiligkeit und maßlosen pulchritudo.

Während der Marienkäfer Josef oder wen bedient. Non
modo sed etiam.

Und selbstverständlich: Die Akolythen Gottes stellen die
in der Eiszeit ausgestorbenen Tiere wie das Mammut und
das keusche Wollnashorn. Ersatz: Der Ex-Höhlenlöwe. Als
Diakon und Subdiakon aber walten hinkünftig zwei Eisbä-
ren; v. a. seitdem (*Zeitmagazin*, 23. 6. 95) man weiß, wie
gern sie mit dem Ball spielen: »Einige Tiere gewannen ihre
Spielsachen so lieb, daß sie sie im Schlaf umarmten.«

So wie wir den Bären. Pacta sunt servanda. Überhaupt
und generell ist im Drüben wie in speziell der Ewigkeit
der spezifischen Talente und Neigungen und Eignungen
der Tiere strikt Rechnung zu tragen, auch ihrer spezifizier-
ten »Lokomotion« (Bernd Scheiba, Zweitausendeins, 1994
n. Chr.), d. h. ihrer jeweiligen Manövrierfähigkeit, ihrem
z. T. kraftsparenden Schweben, ihrem Ruhen auch, zu Wasser und zu Lande. So ist z. B. die Leidenschaft mancher Fische für den Rückenschwumm nach Möglichkeit zu berücksichtigen, oder auch die offenbar angeborene und vielleicht sogar gottgewollte Freude etlicher Vögel, sich aus
großer Höhe nach unten zu stürzen und volle Pulle in die
Flut zu tauchen (a.a.O.). Das putzige, ja ulkige, hoch agile
und höchst gesellige Erdmännchen (auch: Erdhündchen,
obwohl es eigentlich, seltsam, eine Katze ist) darf dann auch
im Himmel herumtollen, grad wie es mag – es darf nur
nicht mit dem Erdhörnchen (loc. cit.) verwechselt oder gar
zusammengelassen werden, sonst ist der Teufel los. Dagegen sollen bäldlich und im Auftrag von Jesaja »Kuh und Bär
sich anfreunden« (a.a.O.). Dem, wie gelesen, oft cleveren,
leider aber auch mutwilligen und wenig gottesfürchtigen
Schimpansen seien zumindest die harmloseren Kapriolen
auch weiterhin gestattet, desgleichen sollen die in ihrem
sittlichen Verhalten auf Erden stark verwöhnten und ver-

Leopard

Obwohl er seine Opfer von hinten anfällt, darf er hoffen

hätschelten kleinen Elefanten und Löwen auch im Gottesstaat die meisten ihrer Dummheiten bis zum Austritt aus
der Pubertät (Chr. Graf Krockow) vorerst weitertreiben
dürfen; chacun à son goût; nur Specht und Kauz wollen sich
in ihrer Krachmacherei ein bißchen zurückhalten und notfalls eingedämmt werden; zwar herrscht im Himmel keineswegs jener »pace dei sepolcri«, vor dem der Marquis von
Posa mit Fug warnt; sondern manchmal ist vielmehr die
Hölle los; aber man beachte und bedenke, daß auch Gott
seine Ruhe- und Erholungsbedürfnisse hat und »Päuschen
braucht« (F. Knitter); und das gilt auch für das dauernde
Gebelle und Geblaffe dieser großen und, ärger noch oft,
kleinen Hunde, die sich doch wenigstens in den Nachmit-

tags- und Nachtstunden einigermaßen zurückhalten mögen, Gott zur Schonung; ohne daß es gleich zur Unterwür-
figkeit und Artverleugnung kommen muß; ohne daß sie
sich gleich jeglicher Zuversicht begeben müßten.

In Zweifelsfällen ist das Hausrecht geltend zu machen.

Breithin wie auf Erden mitten im Schwarzen Kontinent
prange auch im Gottesreich in diesem Sinn das Breitmaulnashorn, desgleichen ehern und zäh der Nasenbär und, Spaß
muß sein, der Nasenpopel (Wojtyla). Hold lagere blumen-
umsät das Flußpferd, heilig der Kaffernbüffel, hehr walte
seines Amts der Mohrenaguti, Gottes vielleicht größter Af-
ficionado. Bevorzugt behandelt werden alle seit Jahrhunderten in Spanien zu Unrecht getöteten Stiere sowie alle im
Krieg umgekommenen Pferde und sonstigen Schimmel.
Denn unter Himmel verstehen wir, wie Jesaja bezeugt,
nicht allein das reine Ätherblau; sondern vor allem jene
Wohnung Gottes, die da noch jenseits der großen und
fernen Fixsterne (10 hoch 27) liegt, wie die Alten uns berichten und sogar bezeugen. Da hinten aber, wo wohl sicher
herrscht »die Liebe, die da die Sonne rollt und andere Sterne« (Dante, *Paradiso*, Finish), wohnt zum Äußersten ent-
schlossen Gott dann selber, im Verein mit dem Geiste und
dem Filius patris. Man geruhe entsprechend wahrzuneh-
men, daß in diesem Sinn einer als amor Dei getarnten inten-
tio unionis in der Tradition des seither bewährten Corpus
iuris von 533 n. Chr. sowie des dann von Wilhelm von
Ockham kanonisierten normativen Kontexts einer in der
metaphysischen Linie Brunos (»Doctor submissis«) von
Querfurt angelegten Spur der vollständigen und restlosen
Hingabe des Eigenselbst an die schlechterdings »sittliche
Sphäre« (Baron Geckho) –: Kurz, wünschenswert und gott-
gefällig wäre es da sehr wohl, ja durchaus, daß der Delphin
auch im Oben für die Ärmeren im Geiste seine kleinen Ball-

kunststücke vorführt, desgleichen der Wal oder jedenfalls
das Walroß (»Marschall«) sowie insgleich der Seehund; für
die Ganzdummen mache der Papagei weiterhin seine Späße
und Ferkeleien bis hin zur spätjesuitischen Imitatio Dei; und
der übermütige, oft gar rauflustige Ziegenbock (»Häuptling
Böser Wille«) fabriziere auch fernerhin seine alten und abge-
standenen Hupfereien (Capra) und reiße damit schleunigst
auch noch den verhocktesten und verhärmtesten Hamster
mit, vielleicht ja gar noch Gott. Es versteht sich fast von
selbst, daß der schön schwarzweiß gemusterte Pinguin im
Spaß auch ferner den Herrn Pastor macht; man beruhige
sich bei dem Gedanken, daß auch dieser Quatsch dem
Herrn ja letztlich nicht nur nicht viel anhaben kann. Sondern ihm auch noch behagt. Indessen, auch dies der Dreieinigkeit fast unbeschwerlich, die Herren Seeschwalben
im gleichen oder doch ähnlichen Dress die Ministranten ab-
geben. Ibi bene, dove patria – wer ganz ohne Schuld ist,
werfe den ersten Steinschlag. Voll in die ganze Kiste.

»Der Himmel ist des Menschen Ziel, der Hase rammelt
ziemlich viel«, wie der Dichter sagt, in Anspielung auf
Patriarch Henoch u. a. – das soll er dann, der Hase, besser
nicht mehr, will er wenigstens in der 2. Sphäre salviert und
saniert werden. Daß aber schlußendlich Tiere ins allerober-
ste Empyreum nicht und nie reindürfen, ist ein Gerücht, das
wir jetzt aufheben bzw. widerlegen oder doch schleunigst
strammstens liquidieren. Natürlich dürfen sie, und u. W.
sogar nach K. Wojtylas einstigem Ableben mit dem nächsten Papst praktisch excathedra. Nämlich vielmehr der
Hl. Trinität zur Linken prange rosen- und liliengeschmückt
jener schon Schopenhauer u. Harris (loc. cit. vorne zu) zum
Vortrag gebrachte schwerst betrübte und indische kleine
Elefant, dem sie zu seinem trostlosesten Kummer einst die
Frau Mutter weggeschossen haben und dem nun üppigste

Satisfaktion schon widerfahre, damit er (vgl. auch Darwin, a.a.O., p. 168) nicht mehr so »äußerst ergreifend«, ja »durchdringend« (Sir E. Tennent) weinen muß mit allergrößter Niedergeschlagenheit und voller Gram und Weh.

Zur Rechten der Dreifaltigkeit dagegen lagere jenes vor geraumer Zeit von Eugen Roth (*Die Katze*, 1947) vorgestellte arme, gelähmte, halb verhungerte und sogar schorfige und sonst schwer geschlagene, ja damals schon halbtote schwarze Bauernkätzchen von Pesaro, angesichts dessen jammervollem Anblick und demütig kläglichem Quäken der Verfasser und seine Freundin erst ganz trübsinnig, schließlich aber doch abtrünnig werden und es später nicht nur bereuen, sondern das in Verzweiflung sterbende Kätzchen wie ein Sinnbild ihrer nicht mehr haltbaren Heirat verstehen, nämlich wie feigen »Verrat«, wie eine »wunderliche, große Schuld« und wie eine »nicht bestandene Prüfung Gottes« (unser Tip: sofort die Geschichte nachlesen) – : Es, das flehentliche Kätzchen, lagere und prange aber jetzt schon wieder schön und sonderschön und übersät mit Nelken, und silbern schimmere sein wiedererstarkt verjüngtes Fell im Mondlicht statuens in parte dextra und flebile per saecula saeculorum usw.

Hinter den Dreien, und immer ein Auge auf das noch immer schwache Kätzchen, aber walte ein Anderer, einer, nämlich, dessen Name auf den Namen Igel (auch: Ickel) hört, wie im einstmals Irdischen walte und schalte er auch dort seines ihm auferlegten Wächteramts sui generalitatis und lasse niemand Unbefugten durchgehen und gar zu weit nach oben rutschen –

– vorgelagert vor der Allerheiligsten Trinität freilich ruhe neben der Himmelskönigin Maria, Adam und dem Hl. Petrus (Dante, *Paradiso*, 32. Gesang), umsäumt von violette odorose vergognose, zusammen mit ihren dottergel-

ben Jungen, die von Konr. Lorenz seinerzeit ins Gespräch
gebrachte Graugans Martina, zuweilen auch, um alles besser sehen zu können, der Jungfrau Gottesmutter (»Virgi-
num corona«) im Schoße ihres blauen Mantelpaniers; die
schon König Ludwig II. begeisternde Farbkombination
blau-gelb diene dabei auch der Dreieinigkeit zum ziemlich
zuverlässigen Entzücken – eine andere Frage ist natürlich,
ob man K. Lorenz im Himmel brauchen kann, mit seinem
weißen Schlohbart ist er doch womöglich Gottvater (»Jah-
we«) ja schon gar zu ähnlich.

Andererseits, Konkurrenz belebt das Geschäft, und so hat
vielleicht auch K. Lorenz vorerst im zweituntersten Him-
melssphärenkreis seine Bewährungschance verdient, möge
er sie tüchtig nutzen, und man sollte ihm also keine weiteren Stolpersteine in den Weg mehr legen.

Was die untere Spitzengruppe und das Mittelfeld anlangt,
so ende jene am gescheitesten mit dem Dromedar und starte
diese mit der greisengesichtigen Fledermaus. Sorgt diese
für ein bißchen Abwechslung in der Chefetage, so trage jenes treu die Hohen Herrschaften ein wenig spazieren und
mindere derart ihre Bangnis. Mit ihrem »Ausdruckstanz«
(K. v. Frisch) steuere auch die Biene dazu bei, indessen
Schimpansen mit ihrer »Affenkunst« (Desmond Morris) für
Farbe und entsprechende Kurzweil sorgen. Aber auch manche Katzen können, wie man neuerdings weiß, außer als
Kuscheltiere und zur häuslichen Stubenreinheit des Reichs
gleichfalls als recht agile, zuweilen annähernd expressioni-
stische Himmelswändebemaler eingesetzt werden (Busch/
Silver, *Why Cats Paint*, London 1994); andererseits, was
weniger bekannt, sind sie auch wegen ihrer vielbeachteten
und schon terrestrisch häufig geoffenbarten Vorliebe für
»i«-Laute (»Minnie«, »Ramirez«, »Zischi«) prädestinierte
Lobsänger; man denke nur, wie gerade im Lateinisch-Grie-

chischen und speziell seraphinisch Coelestischen die Präponderanz dieser cherubinischen i-Laute eine ad libitum
frohlockkend ganz maßlose (»Kyrie eleison«, »soli gloria«),
ja fast ohrenfällige und ohnmächtige ist und auch nach
der Drangsal des Jüngsten Gerichts weiterhin sein wird.
   Überaus brauchbar für die himmlische Musikgruppe in
diesem Sinne auch natürlich der »Jjja«-Esel und also durchaus geeignet, mit Katze, Fink und Nachtigall z. B. dies zu
singen: »Osianna sanctis Deis Sabioth. Superillu elivitate
tua Felices ignes« (Schorsch Dante, 7. Ges.) o. ä. usw. –
weniger gewünscht und betucht in diesem Bereich erscheinen der Wal mit seiner leidigen Vorliebe für »Gassenhauer«
(Payne/Guinee) sowie auch der Elefant, der zwar fast immer
quietschen, grollen und brüllen, aber »nur selten trompeten« (*Züricher Tagesanzeiger*, 29. 11. 94) will und also, wenn
überhaupt, mehr der Rhythmusgruppe zuzuschlagen wäre
innerhalb der »Musik der Engel« (Reinhold Hammerstein,
Francke Verlag, Bern und München 1962 p. Chr.), die nun
einmal nach dem Auftrag und Gebot der Hl. Caecilia die
»Gegenwelt von Hölle und Teufelsmusik« (ebd.) sein soll.
Wieder mehr den allerdings dunklen Vokalisen und Mono-
dien zugeneigt zeigt sich, sofern er überhaupt in Betracht
kommt, der Wal. Er ergänze im Zweifelsbereich das Eieiei
und Einerlei der vorgenannten Kombo durch hohle und
dunkle Ououou-Laute zur lautren Symphonie anläßlich
demm oder des Ausklangs aller Zeit – Gott zur Ehr', den
Tieren doch zur Wehr und steten Wehmut.
   Das Nähere regelt die Hausordnung.
   Wenig an einer wirklichen Anbetung der Großen Drei ge-
legen ist den Löwen und den zumal Königstigern, die auch
im Himmel ja doch nur immerzu »den Speisesaal stürmen«
(Br. Kronauer, 15. 5. 94, Hauptbahnhof Salzburg) möchten
täten – ihnen ist nach Möglichkeit das Allergröbste und

Gottloseste zu verwehren, Rausschmiß (Relegation) schei-
det, nun mal das Gericht gesprochen und sie hier sind, satt
in Abrahams Wurstkessel, grundsätzlich leider aus. Nicht
gering zu achten selbst noch unterm prosperierenden
Signum der Äternität sind gewisse Gefahren von Rebellion
und postluziferischer Widerständigkeit: Vor allem seitens
der sehr nervösen Kapuzineräffchen drohen ja doch immer
wieder Aufwiegeleien oder immerhin Scherereien im dritten Sphärenheim – diese möge dann die sehr brave Kartäu-
serkatze (vgl. unser Coverbild von Lieschen ganz hinten
drauf; Archiv K. Scheel) wieder dergestalt bereinigen und
vorderhand ins Lot bringen, daß sich alles wieder bald be-
ruhigt und beseligt und die Liebe hört und hört nicht auf.
Im Geistsinn unseres schon vorbewährten alten Dichters:

>>Nach dem 12. Biere...
        ...ähneln sich alle Tiere<<
                    (a.a.O.)

Da läßt dann Gott zu seiner Entlastung (indulgentia) auch
schon mal ziemlich zwölf gerade sein. Evoé!
    Im übrigen muß man so ein Tierchen wie das Kapuziner-
äffchen in seiner Eigenschaft als ens ludens wenn schon nicht
als zoon logon echon usw. nur beschäftigungstherapeutisch
einigermaßen richtig einsetzen, z. B. dergestalt, daß es, wie
Egon Loy empfiehlt, von den Schimpansen etwas empathe-
tische Evolution abguckt oder wenigstens das Schimpfen
lernt. Oder jedenfalls demn Hl. Geist in allem behilflich ist
und ihm in seiner Not entgegenkommt, >>das sollte man von
so einem Äffchen auch schon mal verlangen<< (Prof. B. Grzimek, zit. nach: Bisch. Heino Jaeger, o. J.).
    Indessen demö bzw. die Ziege bald den allfälligen Zie-
genmutterbrief (a.a.O.) erwerben möge.

Das Goldene Kalb – ach was. Blöde Witze.

Gebenedeit aber sei rechtzeitig noch u. in dem Zsh. das Ganserl von Fürnried, jenes, was der Vf. samt Frau im Verein mit der gefl. Fam. Gölling, Nürnberg, am Dreifaltigkeits-, stop: am Dreikönigstag 6. 1. 95 kurz vor Redaktionsschluß verdrückt und weggerichtet hat. Es komme demzuflg in die 7. Sphäre. Von dort aus aber kann es bereits »erkennen, gleich wie ich selbst erkennet bin« (Paulus an die Korinther).

»Und wer sich aufführt, fliegt wieder raus« (Papst Jaeger).

In die 6. Division.

Insgesamt aber kommt alles, wie es kommen soll, Gott zum Genuß, dem Tierbereich zum Lohn. Mit seelenvollen Blicken ohne ein Gran Kummer gehe auch im Dorten ein jedes seinen tagtäglichen Verrichtungen nach, S. Durchlcht. Gott aber pflege seiner Ämter im Verein und Einvernehmen mit dem Herrn Sohne und dem Geiste (»Smoky«) ganz ohne Verzögernis noch auch Verstocktheit. Sondern gutgelaunt und unverwandt und stets bei Trost. Weil die Liebe ist die größte unter ihnen. Das Wesen nämlich wird so immer mehr das Sein. Leise zirpt's im Hain. Der Gott putzt sich zum jähen Ausritt. Es ist alles, wie es ist. Und es ist fürchterbar. So wie der Dichter uns recht unkt. Und Joseph Kardinal Ratzinger, z. Z. 75, der »beste Bibelmann seit Martin Luther« (*Bild*, Silvester 94/95), gern bestätigt.

»Lüfte, ihr säuselnden« (Ludw. Rellstab), weht leichter für den Einzug Platschs, des hehren Flußpferds! »Rosen, ihr blendenden, Balsam versendenden! Flatternde, schwebende, heimlich belebende Zweigleinbeflügelte« (J. W. v. Goethe), o haltet euch bereit zur Hochzeit mit dem Lama, bereit auch stark, den Biber würdig zu empfah'n! »Hitzblitzend himmelwärts schneeschnüffelnd östlich gärt's« (Bierwurst

Hans) nämlich heimlich und allschon, den Weg zu bereiten und zu begradigen alle Täler oder vielmehr Berge zugunsten der Spitzmaus, des Lurchs (»Junker Emil«) und auch der Ente, denn siehe, so wie Thom. v. Aquins Seinsschrift *De ente et essentia* (aus: *Quaestiones disputatiae*) von ungefähr Stücker 1270 oder was sich nicht zuletzt auch und geradezu für eine Heimkehr und gedeihliche Auffahrt der Ente in Essig, Öl und Feuerwerksraketen stark macht, so ist das Heil uns sonders allen nun bereitet, auch der Kobra und dem Bilch und sowohl Gnu. Heil und Segen immerdar, so David chuît (Sepp Mosses). Großer Segen senke sich sobald auf alles, großes Glück lacht nun so gern dem Rhein sowie dem halbwegs reinen Tier. Denn siehe, nicht länger allein sein im Altreich möchte fernerhin das Lamm GOTTes; GOTTes Lamm. Vielmehr schwer glücklich und sehr vereint mit Schaf und Kalb und grüner Kröte und gar noch auch dem Oberteufel aus Tasmanien. Gemeinsam gilt es aber und im äußerst herrlichen Gruppengesange Lob und Ruhm groß darzubringen Jenem, der alles Tier halbwegs besänftigt weil erschaffen hat. Jubel, daß es kracht, Jubel, daß die Bude scheppert. Senza tristitia u. malincunia, sondern »vollrohr froh« (Hirnwurscht August). Ja, freilich, ihm, Kam. Gott, sei Ruhm und Preis. Jubelschall entgelte endlich dem, der all die Pracht erschaffen und erkoren, erkiest und ausgeklügelt hat. Brüder, überm Himmelszelte muß er wohnen. Über oder hinter Sternen, jenseits der Großen Mauer (ca. 12 Mrd. Lichtjahre) muß ja ER, muß ein lieber Vater wohnen. Ihm aber sei gesungen unter stetem Tränenrieseln und lispelnd lauthals ohne Säumnis noch auch Unterlaß:

Jubilate, jubilate! Großer Gott, wir loben dich. Heil und Heil und Segen. Tantum ergo sacramentum dreimal. Jubilate, halleluja. Eieiei. Jubilate und kiwitt! Halleluja, sanctus sanctus! Miau und Mäh und Muh auch. Houhou und halle-

luja. Und nochmals haben wir's da, und nochmals reißen
wir uns am Rucksack. Denn das hört er gerne, auch noch
nach der Zeiten Ende: Miau und jjaah und jubilate. Kiwitt,
kiwitt und hallelujjja. Jjjubilate, jubilate rufen wir, rufen,
wie wir's brauchen. Hallemiauja, jubilate! Jubilate, singen
wir beklommen wie begeistert. Halleluja, jubilate! Exsultate, jubilate!

Gottes zufriedenes Brummen sei dereinst dann endlich
unser Lohn.

LAUS DEO – FINIS OPERIS – SOLI DEO GLORIA

Inhalt

Bücher von Eckhard Henscheid

Dummdeutsch
Ein Wörterbuch

Unter Mitwirkung von
Carl Lierow und Elsemarie Maletzke
294 Seiten. UB 8865

Gebundene Ausgabe:
Mit Illustrationen von F. W. Bernstein
267 Seiten

**Welche Tiere und
warum das Himmelreich
erlangen können**
Neue theologische Studien

Mit 14 Abbildungen. 181 Seiten. Gebunden

Verdi ist der Mozart Wagners
Ein Opernführer für Versierte und Versehrte

265 Seiten. Gebunden

Philipp Reclam jun. Stuttgart